Eckhard Bieger / Jutta Mügge
# Hinter Konflikten stecken Energien
## Kompetenz für Leitung und Konfliktmoderation

Eckhard Bieger · Jutta Mügge

# Hinter Konflikten stecken Energien
## Kompetenz für Leitung und Konfliktmoderation

*weiterbildung live* · *Band 4*

**E.B.-Verlag Hamburg**

Die Deutsche Bibliothek - CIP-Einheitsaufnahme

**Bieger, Eckhard :**
Hinter Konflikten stecken Energien : Kompetenz für Leitung
und Konfliktmoderation / Eckhard Bieger ; Jutta Mügge. -
Hamburg : EB-Verl., 1995
  (Weiterbildung live ; 4)
  ISBN 3-923002-98-X
NE: Mügge, Jutta; GT

Graphik: Stefan Thewalt
Satzspiegel: Gabriele Fischer

# Inhalt

# Vorwort

In diesem Buch geht es um Ihre Erfahrungen mit Konflikten und um Ihre Fragen, wie Sie produktiver mit Konflikten umgehen können. Wir haben Beispiele zusammengetragen, untersuchen Motive und Verhaltensmuster, die zu Konflikten führen und bieten Gesprächsmethoden an, um Konflikte anzusprechen, auf Angriffe zu reagieren und zwischen Konfliktpartnern zu vermitteln. Sie sollten dieses Buch mit Ihren eigenen Beobachtungen und Erfahrungen weiterschreiben.

Dieses Buch bietet keine neue Konflikt- oder Aggressionstheorie. Wir glauben auch nicht, daß eine allgemeine Theorie des menschlichen Verhaltens oder eine Aggressionstheorie das Problem lösen könnte. Vielmehr gehen wir weder davon aus, daß Konflikte einfachhin Ausdruck menschlicher Aggressivität sind, noch daß das menschliche Zusammenleben von Konflikten ein für alle mal geheilt werden könnte. Konflikte gehören zum Alltag und müssen immer neu bearbeitet werden. Sie sind nicht zuletzt Folge menschlicher Begrenztheit und haben deshalb auch eine religiöse Dimension. Religiös deshalb, weil Konflikte Kontingenzerfahrungen darstellen. Konfliktbearbeitung gehört zum Überleben wie Ackerbau und die Sorge um Wohnen und Essen. Konfliktbewältigung ist damit eine kulturelle Praxis. Sie muß wie Lesen und Schreiben erlernt werden, weil wir, anders als die Tiere, nicht mit Instinkten ausgestattet sind, die unser Konfliktverhalten regeln.

# 1. Konflikte - eine erste Beschreibung

## 1.1 Beobachtungen zu Konflikten

Konflikte erscheinen unvermeidlich, gerade auch in Gruppen, die einen guten Start hatten und in denen über eine gewisse Zeit Freude an der Zusammenarbeit bestand. Die gute Stimmung verzieht sich, ohne daß etwas Besonderes passiert sein muß. Unmut breitet sich aus. Es ist wie bei einem Wetterwechsel. Regen oder sogar Gewitter künden sich atmosphärisch an.

Aufkommende Konflikte machen sich zuerst durch Körperempfindungen bemerkbar: Druck auf den Bauch, Herzklopfen, Schulterschmerzen, die Kehle schnürt sich zu, der Kopf wird heiß oder Kopfschmerzen werden je nach Persönlichkeitstyp wahrgenommen. Diese Körpergefühle werden oft übergangen, weil die einzelnen diese Körpersignale nicht mit herannahenden Konflikten in Verbindung bringen.

Konflikte haben viel mit dem Energiepotential einer Gruppe zu tun. Das wird deutlich, wenn ein Konflikt durchgearbeitet ist. Dann fliessen die Energieströme einer Gruppe, die Arbeit an einem Projekt wie auch das Lernen in einer Kursgruppe laufen zügig ab.

Zu Beginn der Konfliktphase sind die Energien blockiert. Einzelne empfinden das als Druck, der sich zuerst einmal körperlich bemerkbar macht. Andere ziehen sich innerlich aus dem Gruppengeschehen zurück, um nicht in den Energiestrudel des Konfliktes hineingezogen zu werden.

Bleibt der Konflikt unbearbeitet liegen, breitet sich eine dumpfe, lähmende Stimmung aus. Die Beziehungen im Team, in der Gruppe werden förmlicher gehandhabt, die Konfliktpartner gehen sich aus dem Weg bzw. sammeln Sympathisanten um sich und bilden Cliquen, um sich so für die Dauerfehde mit dem Gegner zu wappnen. Die unterdrückten Energien des ungelösten Konfliktes können auch explodieren. Es kommt zu heftigen Attacken, die den Konfliktpartner noch mehr verletzen, andere in ihren Rückzugstendenzen bestärken und viele ratlos zurücklassen. Die Gruppenmitglieder versuchen auch, durch Sticheleien oder eine oberflächliche Ausgelassenheit die Spannung abzubauen.

Es ist viel an der Erfahrung dran, daß Konfliktklärung gefährlich ist und oft dazu führt, daß die Gegensätze noch verschärft und die gegenseitigen Verletzungen nicht abgebaut, sondern vertieft werden. So notwendig eine Konfliktklärung erscheint, so sehr die einzelnen auch hoffen, die Spannungen und Ängste loszuwerden, die mit einem schwelenden Konflikt verbunden sind, so sehr sprechen viele Erfahrungen dagegen, das Ansprechen eines Konfliktes könne die Situation verbessern. Deshalb werden Konflikte oft nicht angegangen. Dann binden sie aber die Energien und wirken wie ein verborgenes Gift in einem Team oder einer Gruppe.
Deshalb soll im folgenden auch kein Konfliktoptimismus verbreitet werden. Es geht um die langwierige und risikobefrachtete Arbeit an dem, was einer durchgehenden Lebensproblematik entspricht. Für die Konfliktbearbeitung selbst kommt es auf wenige Regeln an, die allerdings strikt eingehalten werden müssen, soll sich der Gegensatz zwischen den Konfliktpartnern nicht noch weiter verschärfen.

- Was bedeuten Konflikte?
- Welche Situationen und Typen von Konflikten können beobachtet werden?
- Wie reagieren verschiedene Persönlichkeitstypen auf Konflikte?
- Wie stellt sich die Konfliktphase in Teams und Gruppen dar?
- Welche Möglichkeiten der Konfliktbearbeitung gibt es, die die Spannung nicht verstärken und die weitere Verletzungen bei den Konfliktpartnern verhindern?

11

Zuerst soll es um die Motive gehen, die einzelne konfliktbereit machen. Erst wenn wir verstehen, daß hinter einem Konflikt immer ein wichtiges Anliegen steht, werden wir motiviert sein, uns mit dem anderen auseinanderzusetzen und eine Konfliktbearbeitung als lohnend erachten.

## 1.2 Konflikte und Identität

Wer sich auf einen Konflikt einläßt, will etwas. Er/Sie setzt sich auseinander. Es ist nicht einfach frei vagabundierende Aggressivität, die auf einen Konflikt zusteuert. Aggressive Potentiale sind zwar wirksam, wenn Konfliktenergien aufeinanderstoßen. Trotzdem sind es nicht einfach ungebändigte Triebe, die in ihrem freien Lauf nur gezähmt werden müßten oder deren aggressives Potential wegtherapiert oder durch Medikamente ruhiggestellt werden könnte.

Konflikte haben mit den ureigenen menschlichen Handlungsimpulsen, mit Empfindungen, mit dem Selbsterleben des einzelnen, mit seinem Selbstwertgefühl zu tun. Eine der ältesten Erklärungen findet sich im zweiten Kapitel der Bibel. Nachdem der Unterschied von Mann und Frau festgestellt ist, geht es in der Paradieserzählung um die Entdeckung der Sexualität und die damit notwendige Einsicht, daß der Tod kommt. Die Bibel erklärt nämlich den Tod nicht als Folge biologischen Alters, sondern als Notwendigkeit, der nächsten Generation Platz zu machen. Diese nächste Generation fühlt sich jedoch bedroht. Die Rivalität der Geschwister wird als vielschichtiges Phänomen dargestellt. Die das Leben begründende Macht scheint meine eigene Existenz dadurch infragezustellen, daß sie jemanden neben mir sein läßt, der so ist wie ich. Sogleich entdeckt der eine, daß er benachteiligt sein muß. Der andere, in der Bibel Abel genannt, scheint eine höhere Akzeptanz zu genießen. Der Rauch seines Opferfeuers steigt in den Himmel, der des Kains bleibt über der Erde hängen. Das konfrontiert Kain mit der Frage, wer er ist, wer er noch sein kann, wenn es außer ihm noch Abel gibt.

So existentiell, so tiefgehend, so bedeutsam und zugleich verstehbar ist jeder Konflikt. Der einzelne kämpft um seinen Platz auf der Welt, um sein Daseinsrecht in der Familie oder Gruppe, darum, daß er etwas tun, bestimmen kann, damit er sein darf. So vielfältig die Situationen und so verschieden die Menschen, so differenziert sind auch die Konflikte zu sehen. Im folgenden werden einzelne Konfliktformen beschrieben, und im übernächsten Kapitel werden anhand einer Persönlichkeitstypologie die typischen Konflikte beschrieben, in die die einzelnen Charaktere regelmäßig geraten.

## 1.3 Konflikte - Formen und Motive

Daß Konflikte nicht einfach Folge des Aggressionstriebes sind, sondern vielfältige Ursachen haben und durch unterschiedliche Faktoren bedingt sind, zeigen folgende Beispiele:

### Entscheidungsfreude bewirkt Streit
*Was machen wir heute Abend? ist die Frage eines Paares, die sich den beiden nicht zum ersten Mal stellt. Er scheint lustlos, hat keine Idee. Sie entscheidet kurzentschlossen für einen Kinobesuch. Es gibt nun Streit, in welchen Film man geht. Es wird 20.30 Uhr. Da kein Konsens zustandegekommen ist, geht sie dieses Mal allein in den Film ihres Geschmacks.*
*Die Frage, wer entscheiden darf, ist deshalb zu einem Konflikt geworden, weil er oft nicht weiß, was er will und sie dann in solchen Situationen meist entschieden hat. Er kann immer weniger akzeptieren, daß sie entscheidet, fühlt sich aber selbst immer weniger in der Lage, eigene Ziele zu nennen. Ihm bleibt nur wachsender Widerstand gegen ihre Bestimmtheit.*

### Hilfsbereitschaft bewirkt Verärgerung
*Beate benötigt eine Information von Marlies. Beide arbeiten zusammen. Marlies kommt nach Hause und erfährt von Beates In-*

13

*formationswunsch. Sie ruft Beate an. Diese hat nur ihren Anruf-
beantworter eingeschaltet. Daraufhin faxt Marlies die Information. Beim nächsten Treffen kommt Beate auf Marlies zu, wie sie
dazu käme, nach 23.00 Uhr das Fax zu betätigen und sie, Beate, so
spät noch mit geschäftlichen Dingen zu belästigen.*
*Eine Erklärung könnte sein, daß Beate nicht von Marlies abhängig
sein will, der einfachheithalber Marlies um Hilfe bittet und sie dafür die andere aber tadeln muß.*

### Rivalität

*Karl arbeitet in einer Agentur. Er ist sehr einsatzfreudig und
schreibt auch seine Arbeitszeit auf, wenn er länger im Büro bleibt.
Geht er über Mittag in die Stadt, zieht er die Zeit von seinem
Stundenkonto ab. Christoph gibt Karl zu verstehen, daß er es nicht
nötig habe, seine Stunden aufzuschreiben. Er arbeite mindestens
soviel wie Karl. Da der Geschäftsführer weder Karls Einsatz besonders würdigt, aber auch nicht durchsetzt, daß Christoph, wie
eigentlich vorgesehen, seine Stunden aufschreibt, wächst die Wut
von Karl. In einer Besprechung platzt er und greift Christoph heftig an, auf ihn, Christoph sei kein Verlaß. Dieser Konflikt erscheint vielschichtig. Karl fühlt sich in seinem Einsatz nicht anerkannt. Das weckt seinen Neid gegenüber Christoph, der mit weniger Einsatz genausoviel Akzeptanz bei den Kollegen und der Geschäftsführung erzielen kann. Es ist nicht das Aufschreiben der Ar-
beitsstunden, vielmehr geht es wie in dem Konflikt zwischen Kain
und Abel um die Anerkennung bei einer höheren Macht, hier dem
Geschäftsführer.*

### Mangelnde Wertschätzung

*Ein Freundeskreis, 10 Personen, davon vier Paare, trifft sich jedes
Vierteljahr. Eines der Treffen ist ausgefallen, so daß jetzt gerne jeder vom anderen weiß, wie es ihm ergangen ist. Im offenen Kreis
berichtet jeder. Bei einem Paar erzählt die Frau sehr lange, auch
über das, was ihren Mann beruflich betrifft. Er kommt nicht zu
Wort. Als fast alle dran waren, macht sich Ermüdung bemerkbar.*

Eines der Paare muß bereits aufbrechen. Alle übersehen, daß eine der Alleinstehenden gar nicht zu Wort kam. Sowohl der Ehemann, der bei diesem Treffen nichts sagte, wie die Frau, die übergangen wurde, erleben sich von der Gruppe nicht wertgeschätzt. Da der Ehemann schon öfter erlebt hat, daß dies der Kreis seiner Frau ist, legt er auf den Termin des nächsten Treffens eine Dienstreise. Die alleinstehende Frau ist auf die Gruppe angewiesen, bringt allerdings zum nächsten Treffen schlechte Laune mit und macht große Schwierigkeiten, als eines der Paare eine Verschiebung des Termins des übernächsten Treffens beantragt. Jeder weiß, daß es für die Frau eigentlich nicht so schwierig ist, sich auf eine Terminverlegung einzustellen.

**Befürchtung, alleine nicht in der Gruppe bestehen zu können (Verlustangst)**
Zu einer beruflichen Fortbildung kommen jeweils mehrere Mitarbeiter und Mitarbeiterinnen von sieben Einrichtungen. Sowohl im Kurs wie auch bei den Mahlzeiten achten einige darauf, daß sie immer mit ihren KollegInnen zusammensitzen. Bei denen, die das nicht so handhaben, führt das zu Antipathien gegen die, die sich nicht aus ihrer Gruppe heraustrauen. Für die Kursleitung ist es schwierig, die Spannung aufzulösen, da diejenigen, die sich nur im Schutz ihrer direkten KollegInnen im Kurs bewegen, fürchten, den Anforderungen der Fortbildung nicht genügen zu können und, allein auf sich gestellt, Angst haben, sich vor den anderen zu blamieren.

**Pünktlichkeit gegen Einfühlungsvermögen oder: Welche Bedürfnisse haben Vorrang?**
In einer dezentral arbeitenden Organisation gibt es ein monatliches Treffen, das auch die Gelegenheit bietet, mit dem Vorgesetzten Probleme abzuklären und Vorgehensweisen zu besprechen. Einige kommen vor der Besprechung in die Zentrale, um in Ruhe mit dem Vorgesetzten sprechen zu können. Dieser ist sehr einfühlsam, so daß sich MitarbeiterInnen auch mit Schwierigkeiten an ihn

*wenden. Immer häufiger führt das dazu, daß die Besprechung nicht pünktlich anfängt. Der Unmut wächst, wenn der Vorgesetzte mal wieder mit einem Mitarbeiter, einer Mitarbeiterin erst nach 20 Minuten in den Sitzungsraum kommt. Seine Stellvertreterin erlebt den wachsenden Unmut mit und wird immer unruhiger. Bei einer Sitzung "platzt" sie, denn sie fühlt, daß die KollegInnen durch das einfühlsame Verhalten des Chefs gegenüber einzelnen sich als weniger wichtig vorkommen und daß der, der Probleme hat, mehr Aufmerksamkeit vom Chef bekommt als die, die sachorientiert ihre Arbeit machen. Es geht also dem Chef wie seiner Stellvertreterin um die Wertschätzung der MitarbeiterInnen.*

*Auf sich aufmerksam machen*
*Wer sich in Teams oder Kursgruppen abwartend verhält, stellt nach einiger Zeit fest, daß die extrovertierten Persönlichkeitstypen das Heft in der Hand haben. Konflikte sind dann eine Möglichkeit, den „Aktiven" Raum abzutrotzen.*
*In einem Team ist ein Projekt diskutiert und praktisch entschieden. Ein Teammitglied, das sich bisher nicht zu Wort gemeldet hatte, legt gegen Ende der Besprechung viele Gründe dar, warum das ganze zu teuer wird und kündigt an, sich nicht zu beteiligen.*

*Oder:*
*In einem Training haben am dritten Tag alle einmal geübt und sind froh, sich in das Rollenspiel getraut zu haben. Nur ein Teilnehmer hat selbst keine aktive Rolle übernommen, sondern nur bei einem Spiel mitgemacht, ohne gefordert zu sein. Als die Gruppe in eine Kneipe aufbrechen will, meldet er einen Konflikt an. Er könne unter den Bedingungen des Trainings nicht das Lernen, was für ihn wichtig sei.*

Jeder, der einen Konflikt anmeldet, will etwas erreichen. Er hat ein Ziel, ein persönliches Motiv, sonst würde er oder sie nicht die Mühe und vor allem das Risiko eines Konfliktes auf sich nehmen. Konflikte sind aber auch ein Mittel, die Beziehungen in der Gruppe zu gestalten.

## 1.4 Nähe und Distanz

Konflikte werden in vielen Fällen notwendig, um Nähe und Distanz auszutarieren. Häufig sind Konflikte das Mittel, Nähe zu gewinnen. Das erscheint widersprüchlich, erklärt jedoch, warum in manchen Beziehungen eine Konfliktkultur gepflegt wird, die für Außenstehende eher destruktiv erscheint, die für die Beziehung aber wie ein Lebenselexier wirkt. Daß Konflikte eher der Dimension Nähe zuzurechnen sind, zeigt sich dann, wenn die Konfliktphase durchgearbeitet ist (s.u. Kap. 4.1 und 4.2). Es herrscht dann nicht nur eine aufgeräumte Stimmung, sondern die Team- und Gruppenmitglieder erleben auch auf der Beziehungsebene eine größere Nähe, wobei zugleich die Distanzen deutlicher markiert sind. Das wird allerdings verschieden erlebt. Für die einen ist zu große Nähe problematisch, andere sind eher von der Angst eines Beziehungsverlustes geprägt. Da immer Persönlichkeitstypen mit unterschiedlichen Angststrukturen aufeinandertreffen, müssen Nähe und Distanz ständig neu ausgehandelt werden.

*Verwendung des Du*
*In einem Seminar kommen die TeilnehmerInnen aus unterschiedlichen Milieus zusammen, in denen der Gebrauch des "Du" jeweils anders gehandhabt wird. Eine Teilnehmerin duzt sowohl die Kursleitung wie alle TeilnehmerInnen. In der Auswertungsrunde des zweiten Tages gibt es dann Unmutsäußerungen. Einige fühlen sich von diesem Kommunikationsstil angesprochen, andere grenzen sich deutlich ab.*

### Abwehr von Bemutterung

*In einem größeren Team hat der dritte in der Hierachie es über-*
*nommen, neue Kollegen und Kolleginnen unter seine Fittiche zu*
*nehmen. Das wird zuerst angenehm erlebt. Im Laufe der ersten*
*Monate führt das aber regelmäßig dazu, daß die Neuen sich be-*
*muttert fühlen und deutlich auf Distanz gehen. Das Problem wird*
*aber nie virulent, weil dann schon wieder ein neuer Mitarbeiter,*
*eine neue Mitarbeiterin die Aufmerksamkeit des "Dritten" in An-*
*spruch nimmt.*

Signale, die größere Distanz markieren, werden im Alltag meist ohne
Schwierigkeiten verstanden und sind nicht so konfliktträchtig wie die
Suche nach Nähe. Denn gerade durch den Konflikt wird Nähe signalisiert. Das zeigt sich darin, daß der andere den Konflikt als bedrän-
gend erlebt und Umstehende die Anmeldung eines Konfliktes oft als
Überschreiten einer zu beachtenden Grenze einschätzen. Derjenige,
der einen Konflikt anmeldet, erlebt die Beziehung zum anderen als
gespannt und muß sich auseinandersetzen. Das kann direkt und offen
geschehen, aber auch weniger erkennbar, wenn durch den Konflikt
Nähe nicht nur erlebt, sondern gesucht wird:

### Konflikt als Reaktion auf Rückzugstendenzen

*In einem Team ist ein Mitglied mit seinem Stil nicht akzeptiert und*
*fühlt sich bei den abendlichen Runden während der Teamtreffen,*
*wo es meist sehr lustig zugeht, zunehmend ausgeschlossen und*
*zieht sich deshalb öfters zurück. Am nächsten Tag sparen die an-*
*deren nicht mit Anspielungen, was der, der sich sowieso nicht ak-*
*zeptiert fühlt, mit noch stärkeren Rückzugstendenzen beantwortet.*
*Einer der Wortführer der Gruppe spürt die Spannung und äußert,*
*er könne es nicht ertragen, wie der andere die Stimmung im Team*
*beeinträchtige, indem er seine schlechte Laune vor sich hertrage.*
*Das Konfliktgespräch löst überraschend schnell die Spannung und*
*beide Kontrahenten haben die Fremdheitsgefühle zu einem guten*
*Teil überwunden und "können miteinander".*

In diesem Beispiel haben die Rückzugstendenzen des einen die Aktivität des anderen herausgefordert, mehr Nähe zu suchen. Es geht aber auch so, daß der, der mehr Nähe sucht, von sich aus den Konflikt in Gang setzt:

**Konflikt, um wieder dazuzugehören**
*In einer mehrteiligen Ausbildung ist eine Teilnehmerin für einen halben Tag wegen einer Konferenz ausgestiegen. Als sie am nächsten Vormittag zurückkehrt, spürt sie, daß der Gruppenprozeß weitergegangen ist und sie nicht mehr wie am Tag davor dazugehört. Die Gruppe macht keine Anstalten, sie einzubeziehen, da ihre zeitweise Abwesenheit auf Unverständnis gestoßen ist. Am Nachmittag provoziert sie einen Konflikt, mit dem sie die Gruppe zwingt, sich mit ihr zu beschäftigen und die ursprüngliche Nähe wieder herzustellen.*

Im nächsten Beispiel reagieren zwei Teilnehmerinnen auf die zu grosse Distanz einer Kursgruppe:

**Konflikt zur Überwindung von Unzulänglichkeiten**
*In einem mehrteiligen Kurs sind alle darauf bedacht, ein freundliches Klima in der Gruppe zu erhalten und in einem harmonischen Gleichgewicht zu bleiben. Das führt dazu, daß die Phasen sich verlangsamen und es zunehmend zäher wird. Die Gruppe sitzt abends auch kaum noch zusammen, einige planen für sich alleine Freizeitaktivitäten. Diese Stimmung in der Gruppe wird zwei TeilnehmerInnen zu unverbindlich. Sie wollen sich selbst mehr engagieren und fordern von den anderen auch mehr Einsatz. Als ihr Wunsch, abends an einem Lernabschnitt weiterzuarbeiten, auf deutliche Reserve stößt, da sich jemand schon die Karte für einen Theaterbesuch besorgt hat und ein anderer einen Schulfreund besuchen will, treiben die beiden die Gruppe in die Konfliktphase.*

Dieser erste Überblick in den Abschnitten 1.3 und 1.4 zeigt die Vielfalt der Formen von Konflikten und der Motive, die einzelne bewegen, einen Konflikt anzumelden. Die Beispiele zeigen auch, daß es unterschiedliche Verhaltensweisen gibt, Konflikte anzumelden und mit Konflikten umzugehen. Weiter wurde bereits deutlich, daß Persönlichkeitstypen aufeinander reagieren. Im folgenden werden neun verschiedene Dynamiken beschrieben, die das Handeln und Verhalten bestimmen und die auch für die Konfliktbereitschaft und die Reaktion auf Konflikte bedeutsam sind. Die Beschreibung der Dynamiken kann helfen, die eigenen Antriebskräfte deutlicher wahrzunehmen und die Reaktionen anderer besser zu verstehen.

# 2. Persönlichkeitstypen und ihre Konflikte

Das Spektrum der Konflikte ist breit. Die Beispiele, die in Kap.1.3 im Blick auf unterschiedliche Bedürfnisse des einzelnen beschrieben sind, ließen sich noch über Seiten fortsetzen.

Das besagt aber weder, daß jeder in all die verschiedenen Konflikte verwickelt wird, noch daß er immer neue Formen von Konflikten auslösen würde. Vielmehr sind es immer die gleichen Konflikte, in die der einzelne gerät und es sind ähnliche Konstellationen, auf die er/sie mit Konfliktbereitschaft reagiert.

Die unterschiedliche Dynamik des jeweiligen Persönlichkeitstyps produziert den immer wiederkehrenden Konflikt. Das soll im folgenden im Blick auf neun verschiedene Persönlichkeitstypen beschrieben werden, die das Enneagramm unterscheidet.

Diese neun Muster sind nicht ausschließlich und eng zu sehen, sondern können je nach Entwicklungsstand der Personen in vielfältigen Variationen und Kombinationen vorkommen.

Nach unseren Beobachtungen in Gruppen und Teams geraten die neun Muster des Enneagramms durch ihre jeweilige Besonderheit, wie sie mit anderen in Beziehung treten, in für sie typische Konflikte.

Es werden einige typischen Merkmale aufgezeigt und beschrieben, die die einzelnen Muster in Konflikte führen können. Sie können helfen, ein besseres Verständnis für die Verschiedenheit der Menschen zu entwickeln, haben jedoch nicht den Anspruch auf Vollständigkeit.

## 2.1 Die Perfektionisten

*"Hier stimmt was nicht"*
*"Ich muß es richtig machen"*

Perfektionisten sehen schnell, wenn sie selbst oder andere etwas nicht richtig machen. Dabei können Sie sehr kritisch und streng sein. Sie fühlen sich verletzt, wenn sie von anderen auf eigene Fehler aufmerksam gemacht und gezwungen werden, etwas Bestimmtes zu tun oder zu lassen.

### Wahrnehmung
Perfektionisten haben einen Blick für das, was nicht stimmt und beobachten genau, ob diejenigen, auf die sie sich einlassen, glaubwürdig sind. Es fällt ihnen schwer, die positiven Seiten der Situationen wahrzunehmen.

### Äußerungen

Sie können mit Nörgeln oder kritischen Bemerkungen reagieren und mit Ausdauer insistieren. Das kann bis zur Rechthaberei gehen und ist dann häufig mit innerem Zorn verbunden.

### Reaktionen, die sie auslösen

Perfektionisten können durch ihre Kritik den Unmut bei anderen provozieren. Sie werden dann gerne als strenge, bedrohliche Instanz erlebt, die abgewehrt werden muß.

### Wie sieht der Konflikt aus?

Perfektionisten geraten in Konflikt, wenn sie bei anderen immer nur das sehen, was nicht funktioniert, wenn sie andere auf ihre Schwächen hinweisen, wenn sie nicht akzeptieren können, daß vieles nicht perfekt ist und wenn sie mit ihren Nörgeleien andere nerven.

Sie sind häufig im Konflikt mit sich, erleben an sich die Ohnmacht, ihrem Perfektionismus gerecht werden zu können und sind dann selbst ihre schlimmsten Kritiker.

Ihr unterschwelliger Zorn auf die unperfekte Welt führt immer dann zum Konflikt, wenn sie mit Kritik und Macht die Perfektion der/des anderen einfordern, oder wenn sie selbst kritisiert werden.

### Entwicklung

Perfektionisten können ihre positive Entwicklung einleiten, wenn sie ihre hohen Normen nicht auch als Maßstab für andere anlegen, wenn sie mehr lassen können und weniger streng auf die Schwächen anderer reagieren müssen, wenn sie lernen können, gelassener und wohlwollender auch mit den eigenen Fehlern umzugehen.

## 2.2 Die Helfer

*"Die Beziehungen müssen stimmen"*
*"Ich muß dafür sorgen, daß es allen gut geht und die Stimmung stimmt"*

Helfer reagieren, wenn es um das Wohl anderer geht. Dabei sind sie häufig fürsorglich, oft mütterlich. Sie fühlen sich verletzt, wenn ihre Bemühungen um das Wohl der anderen nicht ankommt oder ihre eigene Hilfsbedürftigkeit von anderen nicht wahrgenommen wird.

*Wahrnehmung*
Helfer spüren genau, wenn die Stimmung absinkt, wenn es einzelnen nicht gut geht. Sie glauben zu sehen, was andere brauchen.

*Äußerungen*
Helfer sorgen sich um andere, versorgen sie und können dabei deren persönliche Grenzen überschreiten. Sie entwickeln Ideen für andere, wie etwas besser gehen kann und setzen diese häufig ungefragt in die Tat um. Sie fühlen sich stark, anderen helfen zu können und verantwortlich dafür, anderen helfen zu müssen. Helfer meinen zu wissen, was für andere gut ist.

### Reaktionen, die sie auslösen
Helfer provozieren bei denen Abwehr und Ärger, die sich in ihrer Autonomie eingeschränkt, bevormundet oder vereinnahmt fühlen.
Sie laufen aber auch Gefahr, daß sie mit ihrer Hilfsbereitschaft ausgenutzt werden, immer mehr an sie delegiert wird und müssen mit Unverständnis rechnen, wenn sie sich einmal nicht kümmern.

### Wie sieht der Konflikt aus?
Helfer geraten in Konflikt, wenn sie durch ihre Hilfsbereitschaft bei anderen das Gefühl auslösen, unmündig zu sein, und sich diese von ihnen zurückziehen. Sie fühlen sich dann abgewiesen und verstärken ihre Hilfsangebote, um doch noch Anerkennung zu erhalten. Dadurch verstricken sie sich immer mehr in den Konflikt.
Sie geraten aber auch in Konflikt, wenn sie das Gefühl haben, ausgenutzt zu werden, wenn ihre Hilfe als selbstverständlich angenommen, immer mehr auf sie abgeladen wird und das Danke fehlt.
Helfer tun sich schwer, eigene Hilfsbedürftigkeit zuzulassen oder sogar Hilfe anzufragen. Sie fühlen sich in solchen Situationen für andere nicht zumutbar. Meist können sie sich selbst am wenigsten helfen, erwarten aber von anderen, daß diese spüren, wenn sie Hilfe brauchen.
Unterlassene Hilfeleistungen anderer erleben sie als Undankbarkeit und können dann verletzt und nachtragend sein.
Helfer sind stolz auf ihre Fähigkeiten, helfen zu können. Sie fühlen sich verletzt, wenn ihre Hilfe nicht anerkannt wird und suchen dann Gelegenheiten, wie sie diese Anerkennung durch weitere Hilfsaktionen zurückgewinnen können, oder ziehen sich in verletztem Stolz zurück.

### Entwicklung
Helfer, die in Konflikte geraten, können eine positive Entwicklung für sich einleiten, wenn sie erkennen und verstehen wollen, daß sie mit ihrer Hilfsbereitschaft andere einschränken können, daß ihre Hilfe nicht immer auch Hilfe für die anderen bedeutet, und wenn sie lernen können ihre eigenen Bedürfnisse zu erkennen und für diese sorgen.

## 2.3 Die Erfolgreichen

*"Erfolg bestimmt das Leben"*
*"Ich muß erfolgreich sein und gut ankommen"*

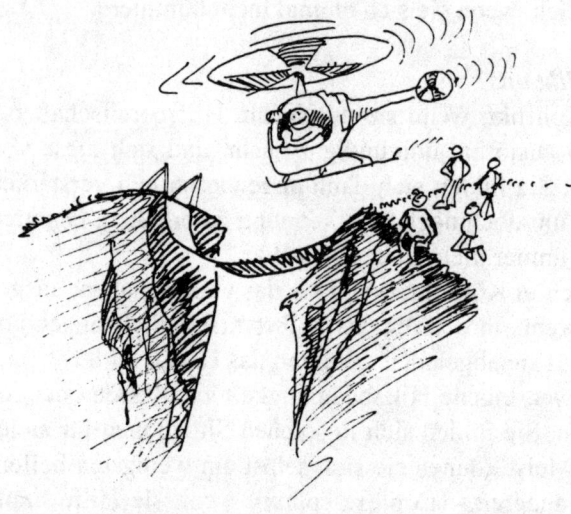

Erfolgreiche reagieren, wenn sie in erfolgsversprechende Situationen geraten und legen dabei Wert auf ihre Außenwirkung. Sie fühlen sich verletzt, wenn andere besser ankommen, mehr Aufmerksamkeit erhalten oder erfolgreicher sind als sie.

### Wahrnehmung
Erfolgreiche erkennen, wo die wichtigen Leute sind und stellen sich schnell auf das, was "gefragt" ist, ein. Ihre Wirkung nach außen muß stimmen und sie sind darauf bedacht, daß sie gut ankommen. Sie spüren, was sie tun müssen, um anzukommen und können dann anderen schmeicheln oder Komplimente austeilen.

### Äußerungen

Erfolgreiche sind so sehr auf den Erfolg gepolt, daß ihr wahres Selbst hinter den Erfolgsstrategien zurückbleibt. Sie haben um des Erfolges willen gelernt, ihre Verhaltensweisen an denen auszurichten, die für ihren Erfolg wichtig sind. Sie sind anpassungsfähig und oft galant, können aber, wenn sie spüren, daß andere besser sind, in Rivalität zu diesen treten, indem sie mit ihren Vorzügen agieren.

### Reaktionen, die sie auslösen

Erfolgreiche provozieren diejenigen, die das Unechte spüren und hinter die Maske schauen wollen. Manchen geht die "Show" auf die Nerven und sie legen sich mit den "Aufschneidern" an, oder ziehen sich zurück.

### Wie sieht der Konflikt aus?

Erfolgreiche geraten in Konflikt, wenn ein anderer besser ankommt als sie selbst, wenn ihr Image und damit der Erfolg in Frage gestellt wird. Sie gehen dann in Konkurrenzverhalten und kämpfen für ihren Erfolg, dies kann auch hinter den "Kulissen" geschehen.

Erfolgreiche tun sich schwer, wenn sie keine Anerkennung für ihre Leistungen erhalten und wenn die Gefahr besteht, daß das Image zusammenbricht. Auch geraten sie in Konflikt, wenn andere auf ihr Bedürfnis "gut anzukommen" mit Ärger oder Rückzug reagieren.

### Entwicklung

Erfolgreiche können ihre positive Entwicklung anlegen, wenn sie ihre Daseinsberechtigung weniger von dem Erfolg, der Leistung oder dem Image abhängig machen, sondern die Wirklichkeit hinter ihrer Maske wahrnehmen, annehmen können und bereit sind, sich selbst auch kritisch zu sehen, ohne sich dabei abwerten zu wollen. Wenn sie nicht jeden Erfog von anderen als eine Herabsetzung ihrer selbst erleben und anderen mehr "gönnen können", auch sich selbst.

## 2.4 Die Sanften

*"Das wahre Leben ist anders"*
*„Ich möchte, daß ihr seht, daß ich etwas Besonderes bin"*

Die Sanften erleben sich als etwas Besonderes, besonders sensibel und verletzlich. Sie fühlen sich verletzt und leiden, wenn diese Besonderheit nicht wahrgenommen wird.

### Wahrnehmung
Die Sanften spüren schnell, wenn sie nicht im Mittelpunkt stehen und können sich dann in Traumwelten zurückziehen, wegtauchen und die Realität ignorieren.

### Äußerungen
Die Sanften sorgen sich um die eigenen Gefühle, leiden, wenn sie nicht wahrgenommen werden und drücken dieses Leiden häufig in ihrer Mimik aus. In ihrem Leiden steckt oft auch die Botschaft " mir geht es nicht gut", "niemand kann mich verstehen". Sie können mit

Vorwürfen, Selbstmitleid und Rückzug reagieren, wenn von ihnen Handeln eingefordert wird.

### Reaktionen, die sie auslösen

Sanfte aktivieren durch ihr Leiden alle die, die das Gefühl haben, etwas für sie tun zu können oder zu müssen. Da jedoch nicht jede Unterstützung oder Hilfe das trifft, was die Sanften brauchen, fühlen sich die Aktiven entwertet oder ausgenutzt.

### Wie sieht der Konflikt aus?

Sanfte geraten in Konflikt, wenn ihre Besonderheit keine Aufmerksamkeit findet, wenn sie eingefordert werden, sich der Realität zu stellen. Sie fühlen sich dann häufig unverstanden und können sich in ihre Traumwelten zurückziehen. Dies jedoch provoziert die Aktiven, etwas tun zu müssen. Diese erleben jedoch, daß sie mit ihren Bemühungen die Sanften nicht erreichen können.

Andere reagieren auf die Sanften, wenn sie sich zu viel Raum nehmen und diesen oft mit doppelten Botschaften füllen ( ich leide! - tu etwas für mich - du kannst mir nicht helfen).

Sanfte fühlen sich oft von der Welt betrogen, nicht verstanden und unterversorgt. Im Konflikt können sie sich nur schwer der Realität stellen.

### Entwicklung

Für die Sanften setzt dann Entwicklung ein, wenn sie aus ihrer narzistischen Ich-Bezogenheit auftauchen und sich den realen Alltagssituationen stellen können, auch wenn sie noch so banal oder gewöhnlich sind. Wenn sie lernen können, andere an ihren Qualitäten und ihrer Feinfühligkeit teilhaben zu lassen und wenn es ihnen gelingt, sich als eine/r von vielen "Besonderen" zu verstehen.

## 2.5 Die Lehrenden

*"Wissen ist Macht"*
*"Ich muß es wissen und brauche meinen geschützten Raum"*

Lehrende reagieren, wenn es zu persönlich wird, Gefühle "ins Spiel" kommen, es nicht mehr klar ist, um was es geht, wenn sie sich nicht mehr orientieren können. Sie fühlen sich verletzt, wenn ihr privater Raum von anderen nicht respektiert wird und können sich dann zurückziehen.

### Wahrnehmung

Lehrende nehmen schnell wahr, wenn persönliche Grenzen verletzt werden und wenn etwas unklar ist. Meist fordern sie die Klarheit ein, oder ziehen sich in ihren persönlichen Raum zurück. Zu ihren Gefühlen haben sie wenig Zugang und regeln vieles mit ihrem Intellekt. Von Gefühlen bei anderen müssen sie sich distanzieren, da die Gefahr besteht, mit diesen an ihre eigenen Gefühle zu kommen.

*Äußerungen*
Lehrende verhalten sich eher zurückhaltend, steigen nur ein, wenn sie
es wissen, wobei sie auch damit recht sparsam (geizig) sein können.
Ihr Wissen wird von anderen oft als belehrend erlebt und kann Asso-
ziationen zu negativen Schulerfahrungen erzeugen. Lehrende ziehen
sich bei Gefahr gern in ihre „Innenräume" zurück und schaffen damit
die für sie wichtige Distanz.

*Reaktionen, die sie auslösen*
Sie können durch die Distanz zu ihren eigenen Gefühlen bei anderen
Druck auslösen. Auf ihr Rückzugsverhalten reagieren die, denen die
Orientierung fehlt. Auch müssen sie mit Abwehr rechnen, wenn sie
lehrerhaft wahrgenommen werden.

*Wie sieht der Konflikt aus?*
Lehrende kommen in Konflikt, wenn sie in den Rückzug gehen und
für die anderen die Orientierung verloren geht, was mit ihnen ist.
Auch müssen sie mit Reaktionen rechnen, wenn sie mit ihrem schar-
fen Zynismus andere bloßstellen. Für die Lehrenden ist es meist unverständlich, wieso andere auf sie reagieren müssen, da ihr Selbstbild
darin besteht, daß sie alle Menschen "so sein lassen" können, wie sie
sind.
Schwierig wird es für sie im Konflikt, wenn es nicht mehr um die
Sache geht, sondern die Emotionen Thema werden. Dann verlieren
die Lehrenden ihre Sicherheit und die Gefahr besteht, daß sie sagen:
"über Gefühle rede ich nicht". Lehrende warten oft, bis andere den
Konflikt ansprechen, weil sie selbst die Veranlassung dazu nicht sehen.

*Entwicklung*
Für die Lehrenden ist es gut, wenn sie ihre Fähigkeiten in die Tat umsetzen, d.h. mit ihrem Wissen auch aktiv etwas tun und dieses Wissen
in den Dienst der anderen stellen. Für die Entwicklung der Konfliktfähigkeit hilft den Lehrenden, wenn sie lernen können, ihre eigenen

Gefühle besser wahrzunehmen, Störungen bei sich zu erkennen und sich dem Klärungsbedürfnis anderer stellen.

## 2.6 Die Vorsichtigen

*"Hier ist etwas widersprüchlich"*
*"Ich muß vorsichtig sein"*

Vorsichtige spüren, wenn etwas undurchsichtig ist. Sie reagieren mit Mißtrauen auf Macht. Sie können sich zunächst Mächtigeren unterordnen oder anpassen, überprüfen jedoch deren Absichten sehr genau.

### Wahrnehmung
Vorsichtige spüren schnell Unstimmigkeiten, dafür haben sie eine besondere Antenne. Die Gefahr besteht, daß sie die Situation interpretieren und Vermutungen anstellen. Ihre Aufmerksamkeit ist dann nach außen verlagert, um zu überprüfen, was hinter dem widersprüchlichen Verhalten steht und herauszufinden, ob ihre Annahmen

stimmen. Fehlt ihnen Orientierung, werden sie von Angst und Mißtrauen gefangen gehalten.

## *Äußerungen*

Vorsichtige reagieren mit Unsicherheit, wenn Situationen oder Verhaltensweisen undurchsichtig sind. Sie hinterfragen Motive und
Strukturen. Bei unklaren Rahmenbedingungen werden sie unsicher
und wünschen sich Klarheit, Regeln und Vereinbarungen. Es dauert
jedoch lange, bis Vorsichtige sich trauen, ihre Störung zu benennen.
Die innere Beschäftigung mit den Unstimmigkeiten, die sie außen
wahrnehmen, führt häufig zu Verzögerungen im Handeln.

## *Reaktionen die sie auslösen*

Die Unschlüssigkeit und Handlungsverzögerung führt häufig dazu,
daß andere für die Vorsichtigen aktiv werden (z.B. ihnen die Leitung
abnehmen). Die Unklarheit und Ambivalenz der Vorsichtigen, wenn
sie in Leitung sind, kann verunsichernd und hemmend auf andere wirken. Unzufriedenheit kann die Folge sein. Vorsichtige müssen auch
damit rechnen, daß ihre Beobachtungen als Kontrolle und ihre Interpretationen als Unterstellung erlebt werden.

## *Wie sieht der Konflikt aus*

Vorsichtige geraten in Konflikt, wenn sie durch die Beobachtung von
Unstimmigkeiten in Unsicherheit und Handlungsverzögerung geraten
und andere den Handlungsbedarf sehen. Wenn diese dann die Initiative übernehmen und die Ziele verfolgen, können die Vorsichtigen
diese kritisieren und mit "ja aber" die Erreichung des Zieles wieder
verzögern und damit Ärger auslösen.
Auch kann sich ihre innere Angst als Aggression auf andere äußern.
Anderen werden dann "böse Absichten" zugeschrieben, wodurch diese sich interpretiert oder mißverstanden fühlen. Auch kann die unbe-
rechenbare Wut, die man den Vorsichtigen nicht zutraut, Störungen
hervorrufen und Angst auslösen, was zu Konfliktsituationen führt.
Vorsichtige brauchen meist lange, bis sie selbst einen Konflikt ansprechen.

*Entwicklung*

Wenn Vorsichtige auf ihr Gespür für Situationen vertrauen, Wahrnehmungen frühzeitig überprüfen und eigene Gefühle und Eindrücke in Ich-Aussagen zu benennen lernen, könnnen sie ihre Interpretationen und Zweifel überprüfen, für ihre Sicherheit selbst sorgen und müssen diese nicht an andere delegieren.

## 2.7 Die Unterhaltsamen

*"Das Leben ist schön und lustvoll!"*
*"Ich muß darauf achten, daß andere es nicht so schwierig machen"*

Unterhaltsame haben einen positiven Lebensblick, Optimismus und Lebensfreude und können andere begeistern.

Sie lieben das Leben leicht, fröhlich und lustbetont. Ihnen fällt es schwer, sich den eigenen schwierigen und schmerzhaften Seiten zuzuwenden. Konflikte werden eher umgangen oder, wenn sie nicht zu vermeiden sind, schnell wieder vergessen.

## Wahrnehmung

Unterhaltsame nehmen schnell wahr, wenn es problembeladen und ernsthaft wird. Sie geraten dann mit ihrer positiven Lebenssicht in Unruhe und versuchen, durch den Wechsel in ein anderes Thema, durch einen kleinen Gag oder eine lustige Geschichte die Stimmung wieder positiv zu gestalten.

## Äußerungen

Sie reagieren, wenn ihre Freiheit eingeschränkt ist, wenn die Stimmung absinkt oder Situationen keinen Spaß mehr machen, wenn die Freude und Lust zu kurz kommen. Sie vermeiden offenen Streit und unterlaufen oder ignorieren gespannte Situationen.

## Reaktionen die sie auslösen

Unterhaltsame haben für andere einen besonderen Reiz, weil sie meist zu einer lockeren und entspannten Unterhaltung beitragen. Dies jedoch wird zu ihrem Problem, wenn ihre Gags nicht zur Situation passen, ihre Reaktionen als eher peinlich empfunden werden und die anderen auf die Oberflächlichkeit reagieren müssen. Sie können Ärger und Unverständnis wegen ihrer geringen Sensibilität auslösen.

## Wie sieht der Konflikt aus?

Unterhaltsame geraten seltener in Konflikte, da sie viel Geschick entwickelt haben, Störungen zu unterlaufen, zu ignorieren oder diesen durch die Ausrichtung auf positive und lustvolle Situationen auszuweichen oder vorzubeugen. Sie verhindern jedoch damit, daß die Konflikte angegangen werden. Je länger sie warten, desto schwieriger wird die Situation für sie. Wenn sie dennoch durch andere in Konflikte geraten, geht es meist um ihre Unverbindlichkeit, ihr wenig sensibles Gespür für problembeladene Situationen und darum, daß sich manche durch ihre "lustige" Art genervt und nicht ernst genommen fühlen.

## Entwicklung
Für Unterhaltsame ist es wichtig, auch die beschwerliche Seite des Lebens ernst zu nehmen und nicht so leichtfertig über eigene und andere Konflikte und unangenehme Situationen hinwegzugehen. Wenn sie ihre "Tiefe" entwickeln, können sie sich auch den eigenen und fremden schmerzhaften Erfahrungen stellen.

## 2.8   Die Einflußreichen

*"Das Ziel muß erreicht werden"*
*"Ich bin stark und muß es machen"*

Einflußreiche fühlen sich verantwortlich dafür, daß Ziele gesetzt und erreicht werden. Ihr Blick richtet sich dabei auf die Struktur. Sie reagieren auf Ungerechtigkeiten und auf nicht zielorientiertes Handeln. Sie fühlen sich angegriffen, wenn ihre eigene Machtposition in Gefahr ist.

## Wahrnehmung

Einflußreiche verlegen ihre Aufmerksamkeit nach außen, auf die Strukturebene. Sie muß stimmen, damit das angestrebte Ziel erreicht werden kann.

Sie fühlen sich stark und gerecht, spüren Störungen und Blockierungen, die das gesetzte Ziel in Gefahr bringen. Sie haben eine Antenne für Ungerechtigkeiten und reagieren, wenn Schwächere Schutz brauchen.

Es fällt ihnen schwer, die eigene weiche und verletzliche Seite zu spüren. Sie erkennen Autoritäten nur dann an, wenn sie durch ihren Akzeptanzfilter als integer und kompetent eingestuft wurden. Sie erkennen schnell die eigene Machtposition und auch, wenn diese gefährdet ist.

## Äußerungen

Einflußreiche spüren ihre Macht, treten für Schwächere ein und können vehement kämpfen. Lautstarke Auseinandersetzungen sind nicht selten, und die Strategien der Einflußreichen führen häufig zum Ziel. Sie können kämpfen, dabei aggressiv und rücksichtslos werden.

## Reaktionen, die sie auslösen:

Einflußreiche können bei anderen Angst hervorrufen, die meist zum Rückzug führt. Personen, die sich stark fühlen und sich trauen, gehen mit den Einflußreichen in den Kampf.

Schwächere geben den Einflußreichen gerne die Macht, weil sie sich bei ihnen gut aufgehoben und sicher fühlen.

37

## Wie sieht der Konflikt aus?

Als Teilnehmer "prüfen" Einflußreiche die Leitung. Unter Umständen schüren sie Konflikte, um zu sehen, ob die Leitung in der Lage ist, für den guten Ablauf und die Erreichung des Zieles zu sorgen. Sie testen die Integrität der Autorität.

Besteht die Leitung in ihren Augen, können sie sich einlassen und konstruktiv an der Erreichung der Ziele mitarbeiten.

Trauen die Einflußreichen der Leitung nicht, treten sie in Konkurrenz zur Leitung, um sich dieser nicht ausliefern zu müssen und übernehmen dann die Leitung.

Störungen und Blockierungen in der Gruppe werden von Einflußreichen dann wahrgenommen, wenn sie die Erreichung des Zieles in Frage stellen. Einflußreiche reagieren auf solche Störungen offensiv. Da sie jedoch Probleme damit haben, ihre eigene Betroffenheit und Verletzung zu formulieren, äußern sie sich normativ. Sie fordern Struktur und Klarheit, können ungerecht und verletzend werden und wirken dann oft autoritär.

Die Angegriffenen müssen sich gegen diese Übergriffe abgrenzen. Rückzugstypen ziehen sich zurück und unterlaufen die Angriffe passiv. Extrovertierte Menschen gehen zum Angriff über. Das kann zu heftigem Schlagabtausch führen, in dem ein hohes Maß von Aggressivität liegen kann. Die Wut der Einflußreichen kommt dabei aus dem Bauch und kann sehr verletzend sein.

## Entwicklung:

Einflußreiche können lernen, in für sie kritischen Situationen frühzeitig die eigene Betroffenheit zu formulieren und diese nicht hinter einer normativen Strukturebene zu verstecken. Gelingt ihnen dieses, d.h. gewinnen sie besseren Zugang zu den eigenen Gefühlen von Verletzlichkeit, so können sie mit mehr Verständnis und Sensibilität auf die Schwächen der anderen reagieren.

Ihre Entwicklung besteht darin, eigene Schwächen und die verletzten Seiten bei sich annehmen zu können und zu zeigen.

## 2.9 Die Ausgleichenden

*"Das Leben soll friedlich verlaufen"*
*"Ich möchte in Ruhe gelassen werden"*

Ausgleichende bevorzugen friedliche Situationen und verhalten sich selbst eher unauffällig, um Konflikte zu vermeiden. Sie fühlen sich Konflikten nicht gewachsen, stellen sich gerne zurück und tun sich schwer, Konturen zu zeigen.

### Wahrnehmung
Ausgleichende können sich gut in andere versetzen und verstehen in Konflikten meist beide Seiten sehr gut. Es geschieht leicht, daß sie so mit den Gefühlen der anderen verschmelzen, daß sie ihre eigenen Gefühle nicht mehr spüren können. Sie sind darauf bedacht, daß es harmonisch um sie herum zugeht, deshalb verhindern sie selbst alles, was zu Spannungen führen könnte.

### Äußerungen
Ausgleichende können andere geduldig lassen. Sie sind belastbar, wenig reizbar und stellen sich gerne in den Hintergrund. Sie können warten und vermitteln anderen, daß sie Zeit haben. Meist haben sie

keinen eindeutigen Standpunkt, sondern können viele Sichtweisen akzeptieren. Sie eignen sich gut als Vermittler und Friedensstifter. Geraten Ausgleichende durch andere unter Druck, so können sie mit innerem Widerstand reagieren, der sich in Unpünktlichkeit, Arbeit nach Vorschrift und trotziger Verweigerung deutlich macht.

### Reaktionen, die sie auslösen

Ausgleichende können andere in Wut bringen, wenn sie zu langsam reagieren und nicht dazu beitragen, daß etwas vorangetrieben wird. Ausgleichende, die sich verzetteln, weil sie Wichtiges von Unwichtigem nicht gut unterscheiden können, müssen mit Ärger rechnen, oder damit, daß sie bei Entscheidungen übergangen werden.

### Wie sieht der Konflikt aus?

Ausgleichende geraten kaum in Konflikte, weil sie sich selbst nicht so wichtig nehmen und wenig auffällig sind. Schwierig wird es für sie, wenn sie den Anforderungen von anderen nicht nachkommen können oder wollen. Dann müssen sie damit rechnen, daß sie übergangen werden. Dies wiederum verletzt und ärgert sie. Es fällt ihnen jedoch schwer, den Ärger zu äußern, weil sie damit die Harmonie aufs Spiel setzen könnten. Werden die Verletzungen zu viel, können die Ausgleichenden irgendwann an unpassender Stelle platzen, um dem Überdruck Abhilfe zu schaffen.

### Entwicklung

Augleichende können ihre Entwicklung verfolgen, wenn sie ihre Trägheit überwinden und sich aktiv den Anforderungen stellen. Wenn sie lernen können, ihre Verletzungen wahrzunehmen und diese zu äußern. Wenn es ihnen gelingt, sich mit den eigenen Gefühlen von den Gefühlen anderer abzugrenzen, damit sie sich selbst spüren können. Wenn sie ihre Energien nicht im inneren Widerstand verbrauchen, sondern für klare Entscheidungen nutzen.

# 3. Der Inhalt der Konflikte sind die Gefühle

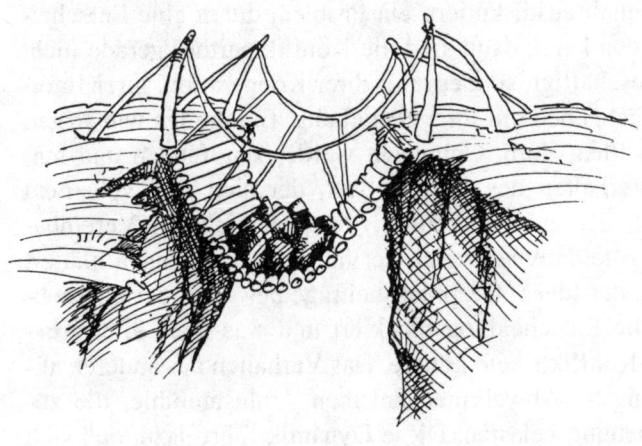

## Inhalts-, Beziehungs- und Regelebene

Konflikte, so ist oft zu hören, sollten sachlich gelöst werden. Die Emotionen, das ist mit unsachlich gemeint, stören die Konfliktbearbeitung. Das stimmt. Jedoch sind die Emotionen das Thema des Konfliktes und zugleich die wichtigste Antriebskraft, sie zu bearbeiten. Im Konflikt geht es den Beteiligten um Wichtiges. Weil es wichtig ist, ist Engagement im Spiel. Wer sich einsetzt, klammert seine Gefühle nicht aus. Wie kann man aber mit den Emotionen umgehen, wenn sie die Lösung so schwermachen, sie zu verunmöglichen scheinen? Wichtig ist, den Konflikt auf der richtigen Ebene zu situieren und die Konfliktbearbeitung mit den geeigneten Mitteln anzugehen. Der Appell, sachlich zu bleiben, ist zwar gut gemeint, aber eher kontraproduktiv, d.h. er steigert die Emotionen nur, anstatt sie abzubauen.

## 3.1 Der Konflikt findet auf der Beziehungsebene statt

Wenn es nicht mehr sachlich zugeht, wenn nicht mehr an der Aufgabe gearbeitet, der Inhalt ausdiskutiert, ein Problem durch eine Entscheidung gelöst werden kann, dann sind die Konfliktpartner gerade nicht mit der Sache beschäftigt, sondern mit ihrer Kooperation, ihrer Interaktion im Gespräch, eben mit ihrer Beziehung. Emotionen wie Ärger, Apathie, Widerwillen, Zorn, Ohnmacht werden empfunden und machen sich am Verhalten des anderen fest, der sich z.b. vehement durchsetzen will, der zu spät kommt, der sich nicht an Vereinbarungen hält, der ostentativ schweigt, der in seinen Unterlagen blättert und nicht zuhört, der Ideen, Gesprächsbeiträge bewertet, der überheblich wirkt, der die Entscheidung blockiert und was noch alles Ausgangspunkte für Konflikte sein könnte. Das Verhalten des anderen aktiviert eigene Ängste, Abwehrmechanismen, Unlustgefühle, die zusätzlich die Beziehung belasten. Diese Dynamik führt dazu, daß sich die Konfliktpartner immer weniger auf die Aufgabe, die Sache konzentrieren können, sondern sich mit dem anderen auseinandersetzen müssen, der dadurch zum Konfliktpartner wird. Der Konflikt ist also auf der Beziehungsebene zu situieren. Um ihn zu lösen, müssen bestimmte Mittel eingesetzt werden, die auf der Beziehungsebene wirksam werden. Diese können aber wiederum nicht auf der Beziehungsebene selbst gefunden werden, denn das würde in etwa den Appell "seid doch wieder nett zu einander" beinhalten. Nettsein können die Konfliktpartner aber nur, wenn sie die Sache, an der sich der Konflikt entzündet hat, aus dem Blick verlieren und über die Ursachen des Konfliktes hinwegsehen. Das hieße aber, daß sie das Verhalten des anderen, sofern es bei ihnen Emotionen geweckt hat, unwirksam machen könnten. Das geht aber nur, wenn man sich etwas vormacht. Deshalb müssen die Emotionen Thema werden, aber nicht durch Appelle, sondern durch den Einsatz der Mittel und Methoden, die speziell der Bearbeitung von Konflikten dienen.

## 3.2 Wechsel der Kommunikationsform

Um die Sache des Konfliktes, nämlich die Bearbeitung der Emotionen, zum Inhalt des Gespräches zu machen, muß die Form der Kommunikation gewechselt werden. Die Beziehung zwischen den Konfliktpartnern kann nämlich nicht in einer Diskussion behandelt werden. In der Diskussion macht sich die angespannte Beziehung in heftigen Wortwechseln oder darin bemerkbar, daß die Konfliktpartner sich gegenseitig das Wort abschneiden. In der Konferenz kann die Beziehung ebenfalls nicht Thema werden, ebenso wenig in der Arbeit einer Kursgruppe. Wird die Beziehung Thema, muß man aus der Diskussion, aus der Konferenz, aus der Arbeit an den Lerninhalten aussteigen und die Kommunikationsform "Konflikt-Gespräch" (Kap. 9) wählen.

Im Konflikt-Gespräch können die Verärgerung, die Spannung, die Blockade thematisiert und entsprechend der Regeln dieser Gesprächsform bearbeitet werden.

## 3.3 Regelebene

Wir wählen entsprechend der Zielsetzung die Kommunikationsform aus, die uns zu dem Ziel hinführt, z.B. die Konferenz, um eine Entscheidung zu treffen, die Nachrichtensendung, um über Veränderungen und Ereignisse informiert zu werden, das Rollenspiel, um z.B. die Leitung einer Sitzung zu trainieren, die abendliche Runde beim Bier, um Zugehörigkeit zu erleben und im sozialen Umfeld zu Orientierung zu finden. Jeder dieser Gesprächsformen liegt eine bestimmte Grammatik zugrunde, nach der sie funktioniert. Diese Grammatik läßt sich in Form von einigen wenigen Regeln formulieren, so auch für das Konfliktgespräch. Halten sich die Gesprächspartner an die Regeln der jeweiligen Kommunikationsform, so können sie zu den gewünschten Ergebnissen kommen. Da häufig gegen die Regeln ver-

43

stoßen wird, entstehen Konflikte, die eben nicht durch Beziehungsstörungen bedingt werden, sich aber in Form von solchen Störungen melden.

## Ziele für bestimmte Gesprächs- oder Kommunikationsformen

| Die Erfahrungen anderer kennenlernen | > **Rundgespräch** |
|---|---|
| | - jeder kommt zu Wort<br>- keine Stellungnahme zu<br>  Gesprächsbeiträgen anderer |

| Gegensätzliche Positionen austragen,<br>Sachprobleme klären | > **Diskussion** |
|---|---|
| | - Argumente pro und contra<br>- Leitung bleibt neutral |

| Entscheidungen im Team, im Vor-<br>stand trefffen | > **Konferenzleitung** |
|---|---|
| | 1. Problem<br>2. Lösungsvorschläge<br>3. Diskussion d. Lösungsvorschl.<br>4. Entscheidung |

| Schwierige pädagogische oder<br>Leitungsfragen analysieren | > **Fallbesprechung** |
|---|---|

| Mich bei Angriffen richtig verhalten | > **Methode HAIFA (s.S.139)** |
|---|---|

| Konflikte im Team oder Kurs klären | > **Konfliktmoderation** |
|---|---|

| Ideenfindung | > **Synektik (wl-Buch 3 S.94)** |
|---|---|

## 3.4    Regelverstöße als Konfliktursache

Nach unserer Beobachtung entstehen mindestens so viele Konflikte durch Mißachtung von Regeln als durch Störungen der direkten Beziehungsebene. Da die Regelverstöße emotionale Wirkungen haben, werden sie auf der Beziehungsebene erlebt, z.B.:
- Die Konferenzleitung greift nicht ein, als ein Teammitglied zum wiederholten Male vom Thema abschweift.
- Der Diskussionsleiter gibt zu erkennen, daß er eine Meinungsposition unterstützt und löst damit Widerstand und Verbissenheit bei den Vertretern der anderen Position aus.
- Jemand kommt ständig zu spät und muß über den Stand der Beratung informiert werden.
- Das Protokoll gibt die Entscheidung nicht richtig wieder.
- Die Kursleitung redet zu lange, so daß Ermüdungserscheinungen im Plenum auftreten.
- Die Anweisung für eine Übung, eine Gruppenarbeit ist unvollständig. Die Kursteilnehmer werden unwillig.
- Übungen werden nicht sorgfältig ausgewertet. Die KursteilnehmerInnen haben den Eindruck, unnötig gearbeitet zu haben.

Die Liste ließe sich fortsetzen. Die Beispiele zeigen, daß die nicht sachgerechte Handhabung der Kommunikations- bzw. Gesprächsform auf die Beziehungsebene durchschlägt und Unmut, Spannungen, Ärger und Unlust bewirken.
Für die Analyse eines Konfliktes ist es deshalb wichtig, ihn richtig zu diagnostizieren. Regelverstöße sind von Beziehungsstörungen zu unterscheiden. Bei letzteren geht es meist um die Machtproblematik, inwieweit der einzelne in der Gruppe zum Zuge kommen kann, ob nur einige Mitwirkungsrechte haben, ob der einzelne sich ernstgenommen fühlt. Regelverstöße haben dagegen meist in einer nicht sorgfältig wahrgenommenen Leitungsfunktion bei Sitzungen oder in Kursen ihre Ursache.

Der Zusammenhang der Aspekte sei noch einmal zusammengefaßt: Vom Ziel her bestimmt sich die Auswahl der Gesprächs- bzw. Kommunikationsform. Jede Form hat ihre Grammatik, die sich in Regeln darstellen läßt. Jede Form dient der Bearbeitung eines Themas. Die Form wiederum strukturiert die Beziehungsebene, die in dem Anhörkreis anders ist als z.B. in einer Konferenz. Regelverstöße schlagen auf die Beziehungsebene durch. Deshalb werden Konflikte immer auf der Beziehungsebene erlebt, auch wenn sie oft dort nicht ihren Ursprung haben.

Das Konfliktgespräch ist deshalb etwas besonderes und auch daher schwierig zu handhaben, weil es die Beziehung zum Inhalt macht. Damit der Konflikt nicht dadurch, daß er zum Thema wird, sich noch verschärft, ist im Konfliktgespräch die Beachtung der Regeln unerläßlich. Diese Regeln sind in Kap. 9 ausführlicher erläutert. Hier nur eine kurze Zusammenfassung:

- Jeder der Konfliktpartner soll in Ich-Aussagen sprechen.
- Die Schilderung der Emotion muß so erfolgen, daß sie mit dem, was die negative Emotion auslöst, verbunden wird.
- Die Moderation verbalisiert die Ich-Aussage und erläutert dem Konfliktpartner, warum der andere verärgert ist, sich unwohl fühlt, blockiert.
- Die Moderation fragt, ob der Konfliktpartner den Ärger, den Unmut, die Enttäuschung des anderen versteht.
- Wenn die Spannung durch das Verständnis der Emotionen abgebaut ist, kann die Moderation eine Vereinbarung zwischen den Konfliktpartnern herbeiführen.

Kann der Konfliktpartner verstehen, wie es zur Verärgerung des anderen kommt, dann kann das Gespräch möglicherweise schon zum nächsten Schritt übergehen, nämlich eine Vereinbarung über die zukünftige Kooperation zu treffen.

Das geht meistens nicht so schnell, deshalb verlangt die Konfliktmoderation Übung, sie ist aber kein Geheimnis, sondern kann gelernt werden.

## 3.5. Sind Meinungsgegensätze Konflikte?

Bisher wurde über die Beziehungs- wie über die Regelebene gesprochen. Gibt es aber nicht viele Meinungsunterschiede, die oft als Konflikte beschrieben werden? Meinungsgegensätze, unterschiedliche Standpunkte werden in Diskussionen ausgetragen. Sie werden erst zu Konflikten, wenn z.B. die Diskussion schlecht geleitet wird, so daß sich der eine vom anderen untergebuttert fühlt oder spürt, daß die Leitung die eigene Position ablehnt und die des anderen unterstützt. Das ist eine Regelverletzung, die zum Konflikt führt, die Diskussion selbst kann nicht als Konflikt beschrieben werden.

Es gibt auch häufig Meinungsunterschiede, weil der eine den anderen auf der Inhaltsebene blockiert, wenn die Beziehung gestört ist. Dann ist der Konflikt auf der Beziehungsebene zu lokalisieren, auch wenn er sich auf der Inhaltsebene zeigt, indem einer dem anderen widerspricht bzw. ein Projekt des anderen in einer Sitzung blockiert. Man kann also sagen, daß es auf der Inhaltsebene Meinungsgegensätze gibt, jedoch keine Konflikte.

# 4. Die Konfliktintensive Phase im Ablauf des Gruppenprozesses

Konflikte in Teams und Gruppen treten entsprechend bestimmter Gesetzmäßigkeiten auf, an denen man sich orientieren kann. Das soll im folgenden erklärt werden.

Im Verlauf eines Gruppenprozesses können fünf verschiedene Phasen unterschieden werden. Die ersten beiden Phasen dienen der Gruppenbildung, z.B. bei einer Reisegesellschaft oder in einer Kursgruppe. In Arbeitsteams sind die Phasen nicht so leicht erkennbar, denn es gibt meist weniger Zeit in und für das Team als z.B. in Fortbildungsgruppen. Denn in Büros, Abteilungen und Industriebetrieben oder in einem Kaufhaus hat jeder seine Aufgabe, die er meist im Blick auf Kunden oder eine technische, buchhalterische oder andere Aufgabe lösen muß. Je weniger Interaktionen in Gruppen, in Teams laufen und je weniger intensiv die Kommunikation untereinander ist, desto länger dauern die einzelnen Phasen.

Kommt die Gruppe wieder zusammen bzw. nimmt das Team z.B. nach der Sommerpause die Arbeit wieder auf, oder kommt jemand neu in das Team, werden die Phasen in abgeschwächter Form immer wieder durchlaufen. Ob die Gruppe, das Team sich neu konstituiert oder wieder in einen neuen Abschnitt seiner Geschichte einsteigt - immer ist es unwahrscheinlich, daß die Konflikte bereits am Anfang des Gruppenprozesses entstehen und ausgetragen werden.

## 4.1 Die Notwendigkeit von Konflikten

*Orientierungsphase*

Am Beginn steht das Kennenlernen im Vordergrund. Man will erfahren, was den anderen ausmacht, was interessant und liebenswert ist, man will sich am anderen orientieren können. Trifft das Team, die Gruppe wieder neu zusammen, will man auch wissen, wo der einzelne steht, welche Erfahrungen er gemacht hat, was sich bei ihm verändert hat. Diese Phase kann unterschiedlich lange dauern. Durch häufige Begegnungen und gemeinsame Aktionen kann sie intensiviert werden.

## Strukturierungsphase

In der Strukturierungsphase wird viel miteinander ausprobiert, es wird deutlich, was man zusammen machen kann und was nicht, mit wem etwas Spaß macht und mit wem nicht. Zunehmend entstehen Interessensgruppen, die gut miteinander kooperieren, die motiviert sind, etwas gemeinsam zu tun und die relativ harmonisch verlaufen. Jeder kann in dieser Phase entdecken, wer ihm Rückenstärke gibt und wer ähnliche Wertvorstellungen und Ziele verfolgt. Hier bahnt sich die Machtkampfphase schon an, weil sich die Verschiedenheiten herauskristallisieren und die einzelnen durch die Kooperationsmöglichkeiten in der Gruppe die Sicherheit gewinnen, in die Machtkampfphase einzutreten. Jetzt werden die negativen Seiten einzelner Team- oder Gruppenmitglieder wahrgenommen. Da gibt es Dominanz, andere Wertvorstellungen, Rivalität, Rechthaberei, Neid etc., die Störungen auslösen. In Teams und Gruppen, die sich schon kennen, werden die alten Gegensätze wieder virulent, alte Verletzungen werden wieder bewußt.

Für einige sind diese Störungen unerträglich, weil es ungerecht zugeht, bestimmte Wertvorstellungen nicht umgesetzt werden, Schwache nicht zum Zuge kommen, ausgenutzt werden oder einzelne bestimmen, was getan wird. Die Gegensätze, die sich in der Strukturierungsphase herausgebildet haben, müssen jetzt augetragen werden.

Der Übergang zur Machtkampfphase macht sich durch Körpersignale und Stimmungen bemerkbar.

- Bauchdruck, Schmerzen im Bauch, Verkrampfung im Bauch, vulkanartige Wut im Bauch,
- Spannungen im Schulterbereich, im Rücken,
- Innere Unruhe, absackender Kreislauf, Übelkeit, saures Aufstoßen,
- Herzrasen, Schmerzen im Herzbereich, Enge in der Brust, Schwitzen,
- Druck auf der Stimme, Vibrieren der Stimme, angespannte Stimme,
- Sprachlosigkeit,
- Kopfschmerzen, Druck auf dem Kopf, eng werdender Hals,
- unsicherer Stand in den Beinen,
- Brennen auf der Haut

Mit dem Spüren der Störung ist die Sensibilität geweckt, aber noch nicht notwendigerweise auch die Ursache erkannt.

## Konflikt- oder Machtkampfphase

Kennzeichen dieser Phase sind erhöhte Anspannungen bei den Beteiligten. Im Arbeitsbereich äußern sie sich durch Streß, Fehlzeiten durch Krankheit, Motivationsverlust, innere Kündigung, Unterlaufen von Arbeitsanweisungen und Intrigen. In Gruppen entstehen rivalisierende Untergruppen, es wird um Nichtigkeiten gestritten, einzelne verlassen die Gruppe, andere "hängen lustlos rum".
In Familien gibt es häufige Spannungen und Streit wegen Kleinigkeiten, es entstehen z.B. Probleme, wenn es um Entscheidungen geht. Krankheiten wie Migräne oder Depressionen tauchen auf. Meist werden diese Störungen nicht offen ausgetragen, nicht so ernst genommen, daß man sich Zeit dafür nehmen würde. Oft geht es darum, wer Recht hat oder Recht behält. In Familien reagieren die Kinder mit Verhaltensauffälligkeiten auf Spannungen und nicht geklärte Konflikte zwischen den Erwachsenen. Sie lenken die Aufmerksamkeit so stark auf sich, daß das eigentliche Problem zwischen den Erwachsenen nicht gesehen wird.

Aber worum geht es in Konflikten? Einzelne fühlen sich herausgefordert, für etwas zu kämpfen, andere in der Gruppe scheinen sie zu beeinträchtigen, sie fühlen sich mißverstanden, verletzt. Z.B. wird häufig eingeklagt, daß der andere sich nicht an Vereinbarungen hält, z.B. nicht aufräumt, zu spät kommt, eine Arbeit nicht erledigt oder, das gilt für pädagogische Teams, gegenüber Kindern bzw. Schülern bestimmte Anweisungen nicht durchsetzt. Oder es geht um mangelnde Anerkennung, daß z.b. der andere über etwas nörgelt, das mir wichtig ist, meinen Arbeitseinsatz für das Team nicht wertschätzt, mich kritisiert und selbst so tut, als sei sie/er perfekt. Es geht schließlich darum, wessen Vorschläge immer bzw. nie umgesetzt werden, daß ein anderer regelmäßig meine Ideen abwertet oder, daß er/sie einen negativen Ton in Besprechungen und bei Planungen anschlägt.

Auch diese Beispiele zeigen, daß es nicht aggressive Potentiale sind, die den Konflikt heraufbeschwören, sondern der/die einzelne um etwas kämpft, weil er/sie sich mißachtet fühlt, seine/ihre Vorschläge und Initiativen zu wenig Unterstützung finden, weil andere durch ihr Verhalten meinen Platz in der Gruppe infragestellen, gewünschte Zusammenarbeit verweigern oder unmöglich machen. Im Konflikt kämpft der/die einzelne, weil es um ihn/sie geht, weil er/sie in der Gruppe mit dem überleben wollen, was sie einbringen.

Selbstverständlich ist der Konflikt, den jemand ankündigt und offen ausspricht, für den Konfliktpartner bedrohlich und angstbesetzt. Da der offene Konflikt meist durch Bemerkungen und ein abweisendes oder gereiztes Verhalten angekündigt wird, entsteht im Vorfeld der Konfliktklärung eine kühle, angespannt aggressive Stimmung.

## 4.2 Die Veränderung durch Konfliktbearbeitung

So sehr der Konflikt auf Kampf zielt, so wenig besteht eine Lösung darin, daß der eine sich durchsetzt oder daß der Kampf durch den Sieg des einen oder anderen entschieden wird. Wäre das der Fall, würde es nur noch Über- und Unterordnung geben. Der Sinn der Machtkampfphase besteht jedoch nicht darin, daß die einen im Team, in der Gruppe das Sagen haben und die anderen sich anpassen. Dann würden wichtige Begabungen nicht zum Zuge kommen und ein Teil der Gruppe sähe keine Perspektive, sich persönlich zu engagieren.

Wenn Konflikte bearbeitet sind, ändert sich nicht nur die Stimmung grundlegend, jeder gewinnt auch seinen Platz in der Gruppe, im Team.

Sind die Störungen und Konflikte in der Machtkampfphase bearbeitet, so löst sich die Spannung in der Gruppe. Es gibt größere Akzeptanz zwischen den Beteiligten. Jeder kann jetzt den anderen besser verstehen, kann nachvollziehen, weshalb er/sie sich so verhält und nicht anders. Die Verhaltensweisen werden jetzt nicht mehr persönlich bedrohlich erlebt. Meist gehen Konfliktpartner mit dem Wunsch und dem Ziel in die Auseinandersetzung, den anderen ändern zu wollen und sogar über ihn zu siegen. Ein durchgearbeiteter Konflikt setzt jedoch gerade diese Wunschvorstellung außer Kraft. Das Ziel ist nicht Gewinner und Verlierer zu erzeugen, sondern gegenseitiges Ver-

54

stehen zu ermöglichen und die Akzeptanzgrenzen zu erweitern. Gegenseitiges Verständnis eröffnet neue, freie Aktionsräume, in denen vorher Undenkbares möglich werden kann. Energien können fließen, neue Kooperationen und Konstellationen werden möglich. Diese Erfahrung wird oft als Durchbruch erlebt, die der Öffnung einer Schleuse gleichkommt. Der bessere Fluß der Energien ist ein Grund, warum nach der Bearbeitung der Konflikte die Gefühlslage verändert ist und man den Konfliktpartner besser akzeptieren kann.

## 4.3  Der Ausgleich der Energien innerhalb des Teams, der Gruppe

In einer Gruppe, sei es ein Arbeitsteam, eine Reise- oder eine Lerngruppe, sind die Aktivitäten meist verschieden verteilt. Die einen nutzen den Raum, den ihnen die Gruppe bietet, indem sie Vorschläge machen und Entscheidungen durchsetzen. Dadurch bestimmen sie die Aktivitäten. Die anderen warten eher ab, suchen erst Orientierung und Sicherheit, bevor sie aktiv werden. Inzwischen haben die Aktiven jedoch schon mögliche Plätze besetzt, so daß die Abwartenden nur noch mitmachen oder aussteigen können. Diese Situation kann zu Spannungen führen.

*Beispiel:*
*In einem mehrteiligen Ausbildungsprogramm entwickelte sich die Situation folgendermaßen:*
*Die TeilnehmerInnen gingen vorsichtig und höflich miteinander um. Man zeigte viel Verständnis für die Arbeit des anderen. Für Christine war das Lerntempo zu langsam. Sie drängte auf intensivere Arbeit und brachte von sich aus immer wieder Fragestellungen und Probleme ein. Die Gruppe ging auf diese Initiative gerne ein, weil die Themen und Vorschläge Christines für alle interessant waren und ein lebendiges Lernen versprachen. Als drei ihrer Fragestellungen abgearbeitet waren, wurde Christine unru-*

*hig. Sie befürchtete, daß die Gruppe wieder in die etwas lahme Freundlichkeit der ersten Phase zurückfallen würde. In der nächsten Einheit wartete Christine dann wieder mit einem neuen Vorschlag auf. Sie stieß jedoch auf eine nur noch reservierte Zustimmung der Gruppe. Im Verlauf der Arbeit entwickelten sich Widerstände, bis Klaus plötzlich äußerte: "Ich bin es leid, mich immer nur mit den Problemen von Christine zu beschäftigen". In dem nachfolgenden Konfliktgespräch wurde die unterschiedliche Erlebnisweise von Christine und Klaus herausgearbeitet. Die abwartende, vorsichtige Haltung von Klaus und den anderen Gruppenmitgliedern erlebte Christine als Auftrag, initiativ zu werden. Als sie die Widerstände gegen ihre Vorschläge spürte, fühlte sie sich mehr und mehr von der Gruppe im Stich gelassen und entwickelte aggressive Gefühle. In gleicher Weise hatten sich bei Klaus Widerstände und dann auch Aggressionen entwickelt, weil er nur auf die Vorschläge von Christine reagieren konnte und immer weniger "wußte", was seine Anliegen und Wünsche an den Kurs waren. Nach dem Konfliktgespräch fühlte sich Christine entlastet. Sie mußte sich nicht mehr verantwortlich dafür fühlen, daß in der Gruppe "etwas läuft". Klaus und andere hatten jetzt genug Vertrauen in die eigenen Vorschläge und in die Gruppe, daß sie nicht gleich auf Ablehnung stoßen würden, so daß sich das Aktivitätsniveau ausglich. Die Gruppe konnte in eine intensive, von Beziehungskonflikten nicht mehr belastete Arbeitsphase eintreten.*

Auch in Arbeitsteams kommt es aufgrund ungleicher Aktivitätsanteilen zu Konflikten. Diese zeigen sich jedoch nicht so schnell, weil jeder für sich an Projekten arbeitet bzw. mit Kunden, Auftraggebern oder Lieferanten zu tun hat, so daß es Monate und Jahre dauern kann, bis der Konflikt sich so zugespitzt hat, daß die Beteiligten nicht mehr ausweichen können. Die Unzufriedenheit, die unter dem Konflikt liegt, wird meist nicht offen thematisiert, sie bestimmt jedoch in hohem Maße die Motivation und das Selbstvertrauen, mit dem die Arbeit ausgeführt wird. Im folgenden Beispiel wird deutlich, wie sich nicht ausgesprochene Unzufriedenheit niederschlägt und das Selbstbewußtsein leidet:

*Beispiel:*
*In einem Pressebüro gibt es seit Jahren einen konstanten Arbeitsbereich, der von Georg betreut wird. Monatlich wird ein Informationsdienst herausgegeben, der sich steigender Nachfrage erfreut. Bernhard hat im Vergleich zu Georg mehr kleine Projekte laufen. Er kommt viel herum, kennt viele Leute und liefert auch wichtige Hinweise und Tips für Georgs Informationsdienst. Die umtriebige Art Bernhards beeinträchtigt den Freiraum Georgs nicht. Trotzdem fühlt er sich zunehmend gelähmt, weil Bernhard schon aktiv geworden ist, bevor er überhaupt Ideen entwickeln konnte. Es steht eine Arbeitsbesprechung mit einem externen Gast an, die Georg leiten soll. Es werden jedoch nur Gäste erwartet, die durch Bernhard`s Kontakte für das Projekt gewonnen werden konnten. Georg fühlt, daß sich ihm die Kehle zuschnürt. Er ist kaum in der Lage, während der Besprechung eigene Überlegungen einzubringen, geschweige denn die Sitzung zu leiten. Mit dieser schmerzlichen Erfahrung hat Georg zwei Möglichkeiten, mit solchen Situationen in Zukunft umzugehen. Entweder er bleibt in seinem Rückzug und überläßt Bernhard die Entscheidungskompetenz für seinen Arbeitsbereich, oder er überwindet seine Rückzugstendenzen, integriert die guten Ideen von Bernhard in seine Arbeit und betreibt selbst aktiv sein Projekt, nämlich die Aufnahme von Kontakten nach außen, um an möglichst viele relevante Informationen für seinen Pressedienst zu kommen.*

Wenn sich die gegenseitigen Blockierungen durch die Bearbeitung des konkreten Konfliktes auflösen, kann jeder mit seinen Energien in den Raum der Gruppe gehen. Die Energien blockieren sich dann nicht mehr gegenseitig sondern unterstützen sich. Das wirkt für alle Beteiligten entlastend, denn jeder braucht für die Erreichung seines Zieles nur noch wenig Energien zu investieren. In einem Team, einer Gruppe bedeutet Ausgleich der Energien, daß jeder mit seinen Stärken und

Schwächen in der Gruppe sein kann (s. Kap. 2, wo die Stärken und Schwächen der verschiedenen Persönlichkeitstypen beschrieben sind), ohne daß es zur Lähmung einzelner oder Überaktivität anderer kommt. Dies jedoch ist nur möglich, wenn in der Konfliktphase die persönlichen Begabungen eines jeden deutlich werden und in der Zusammenarbeit mit den anderen vorkommen können. Meist wissen die Team- oder Gruppenmitglieder zu wenig von den persönlichen Begabungen der einzelnen, die dann entweder brach liegen bleiben oder von den Aktiven, die sowieso immer alles machen, mit übernommen werden. Ausgleich der Energien heißt auch, daß alle in ihrer spezifischen Weise ihre Aktivität bzw. ihre Passivität in der Gruppe überwinden, daß jeder lernen kann, beide Seiten in sich zu integrieren und die nicht ausgebildeten Anteile akzeptiert, aus sich zu leben lernt und nicht an andere delegieren muß, d.h. daß ein anderer nicht meine Trauer und Angst leben oder für mich aktiv sein muß.

Die Aufhebung der Delegation bestimmter Fähigkeiten an andere setzt persönliche Entwicklung und damit die Entwicklung der Gruppe oder des Teams in Gang.

Damit die Energien produktiv fließen und jeder seine Stärken zur Erreichung des Zieles, zur Realisierung des Projektes einbringen kann, muß auch die Machtausübung im Team, in der Gruppe überprüft und geklärt werden. Das geschieht automatisch durch die Bearbeitung des Konfliktes.

## 4.4 Neue Machtverteilung nach der Konfliktphase

Die Konfliktphase hat immer etwas mit der Machtverteilung in einer Gruppe zu tun. Sie kann deshalb auch Machtkampfphase genannt werden. Sie ist dann abgeschlossen, wenn die Machtausübung in der Gruppe bestimmten Regeln und Vereinbarungen unterworfen ist. Macht ist nicht nur ein Attribut der Leitung. Diese kann sogar praktisch ohne Einfluß sein - und doch wird in der Gruppe Macht ausgeübt, z.B. werden die Vorschläge des einen von der Gruppe umgesetzt, die des anderen nicht. Noch mehr Macht wird durch das Verhindern ausgeübt. Einige haben z.B. einen Ausflug vorbereitet, wollen eine Werbeaktion durchführen, planen die Entwicklung einer neuen Maschine oder Dienstleistung. Ein einzelner, eine einzelne kann in manchen Gruppen diese Projekte stoppen. Er/sie bekommt von den anderen die "Macht" eingeräumt, daß er/sie letztendlich entscheidet, was geht und was nicht.

In der Konfliktphase wird die Macht einzelner und auch meist die der offiziellen Leitung infrage gestellt. Sind die Punkte angesprochen und kann der, der den Konflikt angemeldet hat, Verständnis für seine Kritik, seine Anfrage erzielen, entspannt sich die Situation. Meist sind die anderen Team- und Gruppenmitglieder auch dankbar dafür, daß die Hyperaktivität des einen, die Blockadehaltung oder die Unzuverlässigkeit der anderen angesprochen wird. Meist fühlen sich die Angesprochenen erleichtert, weil sie den Druck losgeworden sind, der sie hyperaktiv, unzuverlässig oder ängstlich gemacht hat, so daß sie blockieren mußten. Sind die Engführungen im Charakter des anderen angesprochen, werden sie verständlich. Sicher wird der Charakter des anderen sich nicht einfach ändern. Sind die Schwierigkeiten jedoch ausgesprochen, können alle besser damit umgehen.

Die Konflikbearbeitung wird durch konkrete Vereinbarungen abgeschlossen, z.B. wie Projekte und Vorschläge in Zukunft behandelt werden, was die Gruppenmitglieder machen können, wenn einer wieder unzuverlässig ist oder ein Vorhaben blockieren will. Die Vereinbarungen bieten in Zukunft jedem Team- und Gruppenmitglied die Möglichkeit, auf Verletzungen der Regeln hinzuweisen. Die Leitung verhält sich klug, wenn sie sich nicht als Garant der Vereinbarungen versteht, sondern darauf vertraut, daß sich jemand im Team, in der Gruppe regt, wenn gegen eine Vereinbarung verstoßen wird.

Eine Beobachtung: Gruppen und Teams brauchen nur wenige Vereinbarungen und Regeln, um die Kooperation zu steuern. Mehr als vier, fünf Regeln müssen nicht vereinbart werden.

## 4.5 Arbeits- und Auflösungsphase im Prozeß der Gruppe, des Teams

Es folgt eine ruhige und konzentrierte Phase des Gruppenprozesses. Sind die Konflikte bearbeitet, können die Energien in der Gruppe fließen. Ist die Machtkampfphase durch die Vereinbarung von Regeln abgeschlossen, tritt das Team, die Gruppe in die produktivste Phase ein, da es alle Energien auf die Realisierung der Aufgabe, d.h. die Entwicklung neuer Projekte, die Durchführung einer Kampagne, die Bearbeitung eines Lernstoffs, die Bewältigung einer schwierigen Etappe der Reise konzentrieren kann. Die Gruppe, das Team ist nämlich nicht durch Blockaden gehemmt, jedes Mitglied ist bereit, sich zu integrieren. Entscheidungen werden schnell getroffen. Es ist selbstverständlich, daß Konzentration und Einsatzbereitschaft nicht zeitlich unbegrenzt zur Verfügung stehen. Ist das Projekt realisiert, die Kampagne durchgeführt, der Lernstoff bewältigt, das Etappenziel erreicht, folgt eine Entspannung.

# Auflösungsphase

Hat die Reise ihren Höhepunkt überschritten, naht das Ende des Kurses, ist ein Projekt, eine Kampagne abgeschlossen, lösen sich die einzelnen langsam aus der Gruppe und wenden sich innerlich den Aufgaben zu, die liegengeblieben sind. Man will an seinen Schreibtisch, in sein häusliches Umfeld zurück, man möchte das im Kurs Gelernte ausprobieren. Mit der Auflösungsphase ist der Gruppenprozeß an sein natürliches Ziel gekommen. Entweder löst sich die Gruppe auf oder sie leitet einige Zeit später mit der Orientierungsphase wieder einen neuen Gruppenprozeß ein.

In diesem Abschnitt wurde beschrieben, wie der Prozeß in einem Team, einer Gruppe abläuft, warum notwendig Konflikte entstehen, wann die Konfliktphase auftritt und wie der Gruppenprozeß zu einem (vorläufigen) Abschluß kommt.
Offen ist noch, wie die Konflikte produktiv angegangen und bearbeitet werden können.
Dies wird in Kap. 8 und 9 geschildert.

In vielen Teams und Gruppen wird die Konfliktphase nicht aktiv angegangen und bearbeitet. Dafür sind Ängste und Unsicherheiten maßgebend. Die Folgen unbearbeiteter Konflikte für ein Team, eine Gruppe müssen im einzelnen noch dargestellt werden, weil das Aufschluß über die Stimmungslage, die Lähmung bzw. ständige Feindseligkeit in Teams gibt.

## 4.6 Folgen einer mißlungenen Konfliktphase

Konflikte werden von vielen Team- und Gruppenmitgliedern, Abteilungsleitungen wie auch ReferentenInnen in der Bildungsarbeit als vermeidbar angesehen. Eine Ursache ist das zielorientierte Denken bei beruflichen Teams sowie die Curriculumtheorie der 60er- und 70er Jahre. Ob es nun um ein Projektziel in einem Team, ein Lernziel im Schulunterricht oder um neue Bildungsprogramme geht, Konflikte scheinen nur zu stören und die Erreichung des Zieles zu verzögern.
Oft gilt der als guter Vorgesetzter, Lehrer, Referent, der keine Konflikte aufkommen läßt. Das ist aber nur möglich, wenn das Team, die Gruppe nur kurz beieinander ist oder andere Lehrer oder Referenten die Konfliktbearbeitung übernehmen. Die Konflikte treten nach gewisser Zeit zutage und äußern sich in Krankheiten, Arbeitsplatzwechsel oder werden anderswo ausgetragen. Die mangelnde Fähigkeit der Schule, mit dem wachsenden Konfliktpotential umzugehen, ist sicher auch eine Folge des Curriculumansatzes und schlägt sich in der Lethargie der Schüler nieder. Lähmung, Unlust, körperliches Unwohlsein, mangelndes Engagement sind meist Folgen nicht verarbeiteter Konflikte, denn solange Konflikte nicht aufgelöst sind, binden sie die Energien der Beteiligten.
Aber auch dann, wenn ein Teammitglied dem Konflikt nicht mehr ausweicht, sondern ihn auf den Tisch legt, kann die Leitung verhindern, daß es zu einer Klärung kommt.

**Beispiel:**
In einem Verwaltungsteam arbeiten acht Mitarbeiterinnen. In der Urlaubszeit sind sie gegenseitig als Vertretung eingesetzt. Bärbel bearbeitet zwei Aufgabengebiete und vertritt für Marion und Angelika jeweils deren Bereich, wenn diese krank sind oder Urlaub machen. Bärbel ist sorgfältig und schafft die täglich anfallenden Dinge im eigenen Bereich und in der Vertretung der anderen weg. Als sie Vertretung bei Marion macht, übernimmt sie einen chaotischen Schreibtisch, sie muß für Wochen nacharbeiten. Da ihr die Arbeit nicht schwer fällt und sie solche "Aufräumaktionen" auch gerne macht, ist sie guter Dinge und hat das Gefühl, für die Kollegin hilfreich zu sein. Als Marion aus dem Urlaub zurückkommt, findet sie einen aufgeräumten Schreibtisch und die Erledigung aller Aufgaben vor. Für Bärbel ist das selbstverständlich und sie freut sich darauf, bald selber Urlaub machen zu können. Marion vertritt Bärbel, als diese für 14 Tage Urlaub nimmt. Bärbel kommt aus dem Urlaub zurück und findet Berge von ungeöffneter Post auf ihrem Schreibtisch vor. Sie ist ziemlich verärgert, weil alles, was in diesen 14 Tagen in ihrem Bereich angefallen ist, liegengelassen wurde. Bärbel beschwert sich bei ihrer Kollegin, diese verteidigt sich damit, daß sie genügend eigene Arbeit hatte und nicht dazu gekommen sei, die Tätigkeiten von Bärbel zu erledigen. Außerdem sei ja auch noch genügend Zeit für Bärbel, die Arbeit bis zum Monatsende selber fertigzustellen. Bärbel ärgert sich, will aber nicht gleich den Vorgesetzten einschalten und hofft, daß sich diese Situation beim nächsten Mal ändert. Sie macht jedoch im Verlauf des Jahres mehrmals die Erfahrung, daß sie von der Kollegin nicht sorgfältig vertreten wird. Als sich diese Situation zum vierten Mal wiederholt, beschwert sich Bärbel bei ihrem Chef und bittet, die Angelegenheit zu regeln. Dieser ruft eine Besprechung ein und tadelt die andere Mitarbeiterin. Bärbel wird jetzt von Marion und deren Sympathisantinnen angefeindet. Die Stimmung im Team ist gespannt und es entstehen zwei rivalisierende Gruppen, die sich bekämpfen. Bärbel geht nur noch ungern zur Arbeit, die Motivation, für ein gemeinsames Ziel zu arbeiten, ist gesunken und sie

*überlegt, ob sie sich nicht verändern soll. Sie spürt auch bei den anderen, daß sie nur noch Dienst nach Vorschrift machen und das Team auch zu gemeinsamen Festen keine Lust mehr verspürt. Jeder kommt und geht, man hat sich nichts zu sagen, geht sich aus dem Weg.*

Dieses Beispiel verdeutlicht eine häufig auftretende Realität in Teams. Die Gefahr ist groß, daß gerade gute Mitarbeiterinnen innerlich kündigen, sich nach einem neuen Tätigkeitsbereich umsehen und dann gehen.

Die Leitung hat den Konflikt nicht aufgegriffen und mit den Mitarbeiterinnen ausgetragen, sondern mit der Macht der Position versucht, die Schwierigkeiten zu lösen. Damit wurde der Konflikt verschärft und die Rivalität der Mitarbeiterinnen untereinander noch mehr geschürt. Die Gruppe, die sich um Bärbel schart, ist sich einig, nicht auf ewig in dieser Abteilung zu bleiben. Zwei wollen sowieso schwanger werden und können das Problem über diesen Weg lösen. Bärbel will einen Arbeitsplatz, an dem sie in Ruhe ihre Arbeit tun kann, und der die Energien nicht dafür verbraucht, daß sie gegen andere kämpfen muß.

**Was hätte die Leitung tun können?**
Auf jeden Fall muß sie vermeiden, daß eine Konfiktpartnerin ins Unrecht gesetzt wird. In dem oben beschriebenen Fall gibt es möglicherweise Gründe, warum Marion die Arbeit von Bärbel nicht erledigt hat. Zumindest gab es keine Vereinbarungen innerhalb des Teams, was diejenige, die eine andere vertritt, zu erledigen hat und was nicht. Darüber müssen sich Bärbel und Marion auf jeden Fall verständigen. Wie ein Konfliktgespräch zwischen Bärbel und Marion vermittelnd moderiert werden kann, wird in Kap. 9 erläutert.
Im Blick auf den Phasenverlauf des Gruppenprozesses ist zu sagen, daß nicht bearbeitete Konflikte sich in der Arbeitsphase auswirken oder gar keine Arbeitsphase zulassen. Die, die im Konflikt Nähe erlebt und gesucht haben, gehen auf Distanz zueinander. Jeder arbeitet möglichst für sich, eine Teamleistung ist nicht zu erwarten.

Setzen sich die Mitglieder eines Teams, einer Gruppe nicht mit den negativen Seiten der anderen wie auch mit der eigenen Persönlichkeitsstruktur auseinander, müssen sie immer einen Bogen um diese Anteile der eigenen Person wie der der anderen machen. Das schränkt den Verhaltensspielraum erheblich ein und ist meist an der Humorlosigkeit des Teams ablesbar. Es muß zwischen der angespannten und aggressiven Stimmung in der Machtkampfphase und dem distanzierten, kühlen und verhalten aggressiven Umgangston, der auf nicht bearbeitet Konflikte schließen lässt, unterschieden werden. In der Konfliktphase ist Energie zu spüren, ungelöste Konflikte zeigen sich oft als Lähmung und darin, daß die Streitigkeiten eher rituell ständig wiederholt werden.

Noch einmal sei darauf hingewiesen, daß erst nach der Konfliktphase der Energiefluß des Teams, der Gruppe nicht mehr gehemmt ist und die Stärken der verschiedenen Persönlichkeitstypen zum Tragen kommen (s.o. Kap. 2).

# 5. Die Konfliktphase in religiösen Gruppen

Die Autoren arbeiten mit verschiedenen kirchlichen Berufsgruppen und sind dabei immer wieder mit dem Phänomen konfrontiert, daß tiefgehende und langanhaltende Konflikte Teams in den Gemeinden, in Bildungs- und Sozialeinrichtungen lahmlegen, und dies sogar trotz Supervision und gemeinsamen Klausurtagungen.

## 5.1 Gängige Hypothesen verfestigen das Konfliktpotential

Die Existenz von oft tiefgreifenden Konflikten ist allen Beteiligten bekannt und wird auch mit verschiedenen psychologischen Theorien erklärt. Uns erscheint jedoch, daß die verschiedenen Erklärungsmodelle die Ohnmacht gegenüber dem angesammelten Konfliktpotential nur noch verstärken:

- Kirchliche MitarbeiterInnen wie auch Mitglieder religiöser Orden werden als konfliktscheu und wenig belastbar hingestellt.
- Konflikte gelten in manchen kirchlichen Milieus als so schwerwiegend, daß nur Therapeuten eine Konfliktbearbeitung zugetraut wird.
- Mit anderen Berufsgruppen haben kirchliche MitarbeiterInnen gemeinsam, daß es als Norm gilt, über Gefühle nicht zu reden, vor allem wenn sie negativer Natur sind.
- Termindruck und die verschiedenen Anforderungen erscheinen so stark, daß Teams sich keine Zeit für den Austausch von Erfahrungen und damit auch für den Ausdruck von Empfindungen und Gefühlen nehmen.
- Wer über andere verärgert ist, wer Wut und Zorn empfindet, gilt in manchen kirchlichen Milieus als religiös nicht geläutert. Die völlige Beherrschung der eigenen Gefühle und Empfindungen wird von einigen kirchlichen Ausbildern als hohes Ideal hingestellt.

Diese Hypothesen und Einschätzungen haben sich möglicherweise deshalb entwickelt, weil im Raum der Kirchen offener Konkurrenzkampf nicht sein darf und damit auch nicht zugelassen wird. Konflikte werden in kirchlichen Arbeitsverhältnissen auch seltener durch Kündigung bzw. Arbeitsplatzwechsel beantwortet. Umsomehr müssen sich nicht nur die kirchlichen MitarbeiterInnen der Konfliktarbeit stellen, sondern auch vor allem die Ausbilder, Supervisoren und Praxisbegleiter.

Die Einschätzung der Konfliktsituation, die in den oben zitierten Hypothesen vorgenommen wird, relativiert sich dann schnell, wenn die Konflikte einfach als normales Vorkommnis erlebt und ohne therapeutische Überfrachtung angegangen wer-den. Dazu folgende Beobachtungen aus der Arbeit mit kirchlichen Gruppierungen:

1. Kirchliche MitarbeiterInnen sind genauso belastbar wie andere Berufsgruppen. Sie haben nicht nur wie andere Leute Konflikte, sie sind auch froh, wenn diese endlich auf den Tisch kommen.
2. Der Ruf nach dem Therapeuten ist unter die Rubrik "Stigmatisierung" einzuordnen - als seien die, die Konflikte anmelden, die besonders Gefährdeten. Psychisch wie auch gesundheitlich sind vielmehr diejenigen, besonders gefährdet, die Konflikten ausweichen und sich als scheinbar so gereift darstellen, als würden sie ihre Gefühle völlig beherrschen.
3. Über Gefühle nicht zu sprechen, ist auch ein Manko von Managern und anderen Berufsgruppen. Hier haben sich die kirchlichen MitarbeiterInnen der Aufklärung angepaßt, die ja auch zu einer einseitig begrifflich orientierten Theologie und zum Verlust der Erzähltraditionen in den Kirchen geführt hat.
4. Die Bürokratisierung der Arbeitsabläufe auch in den Sozialberufen hat vor der Kirche nicht halt gemacht. Ein Indiz ist die Fülle der Besprechungen und Konferenzen, die keinen Raum für den Austausch von religiösen und seelsorglichen Erfahrungen lassen.
5. Die religiösen Idealbilder, die in Aus- und Fortbildungen vermittelt werden, können leicht zur Gefühlsdressur werden, vor allem

dann, wenn die Ausbilder und Fortbildungsleiter einen hohen Anspruch realisieren möchten und dabei nicht bemerken, daß sie sich selbst unangreifbar machen, wenn sie ein möglichst hohes Ideal für sich und vor allem für ihre Kursteilnehmer in Anspruch nehmen.

Sicher spielen bei kirchlichen Vorgesetzten die Erfahrungen mit der Gruppendynamik eine Rolle, die in kirchlichen Kreisen während der siebziger Jahre offen bejaht wurde, als sich die jetzigen Führungskräfte gerade selbst in der Ausbildung befanden oder am Anfang ihrer beruflichen Praxis standen. Die damalige Gruppendynamik hat viel versprochen und natürlich das nicht alles halten können, so daß sie heute in ihrem Erfolg zwiespältig zu beurteilen ist.

## 5.2 Keine Erlösung von Konflikten durch die Religion

Im Kapitel 7.1 wird aufgezeigt, daß es einen unmittelbaren Zusammenhang zwischen Religion und Gewalt gibt. Das beweist allein schon der Opferkult in den verschiedenen Religionen. Trotzdem gehen viele religiös orientierte Menschen davon aus, daß eine kirchliche Gruppierung sie davor bewahrt, sich mit Konflikten auseinandersetzen zu müssen. Diese Hoffnung läßt sich sicher nicht auf die Bibel zurückführen, denn dort ist von Auseinandersetzung, Kampf, Rache und Vergeltung die Rede. Problematisch ist die Hoffnung auf ein konfliktfreies Milieu deshalb, weil aufkommende Konflikte als Infragestellung des religiösen Charakters der Gruppe, der Gemeinde, der religiösen Gemeinschaft erlebt werden müssen. Wenn ich erwarte und diese Erwartung noch unterstützt wird, daß die Religion vor Konflikten schützt, zweifle ich an dem religiösen Fundament einer Gruppe, wenn in dieser ein Konflikt auftaucht. Das erklärt wohl auch die oben zitierte Einschätzung, Konflikte seien nur durch einen Therapeuten zu lösen. D.h. letztlich, daß die religiöse Praxis vor Konflikten kapituliert und die Konfliktphase einer religiösen Gruppe einseitig psychologisch interpretiert wird, ohne sie spirituell zu verstehen. Praktizieren religiöse Gruppen und kirchliche Teams eine objektive Religiosität mit vorgeformten Gebetsformen, so können Konflikte noch eher in Schach gehalten werden. Pflegen Gruppen jedoch offene Gebetsformen und den Austausch religiöser Erfahrungen, führt gerade diese Offenheit die Gruppen in ihre Konflikt- und Machtkampfphase. Da diese Gruppen in wenigen Fällen mit tiefgehenden Konflikten rechnen und auch keine Verfahren zur Verfügung stehen, die Konflikte zu bearbeiten, zerbrechen solche Gruppen nicht selten oder sie spalten sich:

*Beispiel:*
*Eine Gebetsgruppe, die aus einem kleinen Kreis entstanden war, entdeckte, daß sie auf Resonanz bei jüngeren Erwachsenen stieß. Es wurden Wochenenden und in den Ferienzeiten ganze Wochen für Jugendliche und junge Erwachsene durchgeführt. Als die Aufbauphase abgeschlossen war, kam es in dem Führungsteam zu Konflikten, die nach einiger Zeit zum Zerbrechen der Gruppe führten. Das Team war überhaupt nicht darauf vorbereitet, daß es mit Notwendigkeit in die Konfliktphase geraten würde und hatte auch keine Hilfen, wie es die Konflikte angehen könnte.*

oder:
*In einer studentischen Gruppe, die sich wöchentlich traf, führte der offene Austausch dazu, daß auch Konflikte zwischen den Mitgliedern der Gruppe auf den Tisch gelegt wurden. Die bisherigen Methoden des Anhörkreises und des freien Gebetes reichten nicht aus, den Konflikt zu bearbeiten. Die Methode der Konfliktmoderation konnte niemand handhaben. Die Folge der unverarbeiteten Konflikte war, daß eine der Konfliktpartnerinnen die Gruppe verließ.*

## 5.3 Die spirituelle Dimension der Konfliktphase

Im Konflikt nimmt der einzelne die weniger angenehmen Seiten des anderen in den Blick und wird auch selbst mit den Engführungen seines Charakters konfrontiert. Das geschieht fast zwangsläufig aus der Dynamik des Gruppenprozesses heraus und berührt auch grundsätzlich das Verhältnis zu sich selbst, denn sonst hätten Gedenktage wie der Buß- und Bettag oder die Fastenzeit keine gesellschaftliche Akzeptanz gefunden.

Die Auseinandersetzung mit eigenen negativen Anteilen wie auch mit den Verletzungen, die einem zugefügt wurden, sind Bestandteil der Praxis aller Religionen und sicher auch Grund ihrer Vitalität und gesellschaftlichen Funktion. In der Tradition christlicher Spiritualität wird das in bezug auf den einzelnen gesehen und es gibt verschiedene Angebote, mit den eigenen negativen Anteilen in ein produktiveres Verhältnis zu treten. Erstaunlich ist, daß die bekannten Kategorien, in denen man sich mit Versagen und Scheitern, mit den eigenen schlechten Gewohnheiten auseinandersetzt, nicht auf religiöse Gruppen selbst angewandt werden. Denn dann würde die Notwendigkeit der Konfliktphase deutlich und auch ihre heilende Funktion genutzt. Eine wirkliche Annahme seiner selbst wie auch des anderen mit seinen Begrenztheiten ist nur möglich, wenn man sich wirklich auseinandergesetzt hat. Konflikten auszuweichen heißt dann, sich selbst und den anderen als so akzeptabel und durchgehend liebenswert hinzustellen, daß ich mich mit seinen Engführungen nicht auseinandersetzen müßte und ich ihm keinen Anlaß böte, sich an mir zu reiben. Tatsächlich finden wir uns selbst und die anderen aber nicht so vor und sind deshalb zu einer Oberflächlichkeit in den Beziehungen verdammt, wenn wir den Konflikten ständig ausweichen.

Der Durchgang durch die Konfliktphase bringt aber erst den Umschwung, den anderen und auch mich selbst als fehlerhaft zu sehen und trotzdem zu akzeptieren. Gelingt diese Akzeptanz nicht, ist man schon auf Distanz zueinander gegangen und hat das Interesse am anderen reduziert. Deshalb kann die Konfliktphase als eine Wiedergeburt erlebt werden und zugleich entläßt sie die Konfliktpartner mit einem größeren Realitätssinn: Man rechnet damit, daß der andere die gleichen Fehler wiederholt, sich wieder als schwierig, unverständlich, mit seinen Rückzugstendenzen, seinem Redeschwall oder was auch immer zeigen wird. Aber man kann ihn nach bearbeiteter Konfliktphase besser akzeptieren und frühzeitiger auf seine "Macke" aufmerksam machen und sich selbst dann nicht mehr so bedrängt fühlen.

Weil der einzelne nicht von seinen Unvollkommenheiten befreit wird, bleibt die Auseinandersetzung mit der eigenen Fehlerhaftigkeit und der der anderen eine Lebensaufgabe. Der Umgang mit der Kontingenz ist aber gerade das Unaufgebbare einer spirituellen Praxis. Soll das Religiöse wirksam werden, bedarf es nicht nur einer religiösen Theorie, sondern einer "Kultur zu dem Unverfügbaren" die gerade die spezifische gesellschaftliche Leistung der Religion darstellt. Hierzu ein Literaturhinweis:
Die Funktion der Religion als Kontingenzbewältigungs-Praxis, als eine Kulturleistung, das Verhältnis zum Unverfügbaren wie auch zu der eigenen Begrenztheit zu gestalten, wird ausführlich von Hermann Lübbe in "Religion nach der Aufklärung" dargestellt.

# 6. Konflikte mit der Leitung

Bisher wurde noch ein Bereich ausgespart, der besonders konfliktträchtig ist - die Beziehungen zwischen der Leitung und den Mitgliedern eines Teams, den ReferentInnen und TrainerInnen und die Spannungen, in die sie geraten. In diesem Feld stoßen nicht nur unterschiedliche Charaktere und gegensätzliche Interessen aufeinander, sondern die Aufgabenstellungen und Rollen sind unterschiedlich angelegt und trotzdem aufeinander bezogen. Dadurch entstehen entgegenlaufende und häufig überhöhte Erwartungen aneinander, die die Konflikte besonders vielschichtig und schwer entwirrbar erscheinen lassen.

Denn der Leitung wird Einfluß eingeräumt, damit sie die Interessen aller nach außen vertritt, die Zusammenarbeit im Team organisiert und schwierige Aufgaben und Probleme löst. Die Leitung soll jedoch genau das tun, was der einzelne will und bei gruppeninternen Konflikten "mich", den einzelnen, gegenüber den anderen unterstützen.

Die Abhängigkeit von der Leitung und zugleich die Abhängigkeit der Leitung von den einzelnen Team- und Gruppenmitgliedern verlangt einen ständigen Ausgleich. Dabei ist es die Leitung häufig selbst, die Konflikte auslöst. Dies soll im folgenden beschrieben werden. Weiter geht es um die Aufgaben der Leitung in der Konfliktphase.

Nach unseren Beobachtungen entstehen die tiefgehensten und schwierigsten Konflikte, wenn die Leitung nicht leitet, sondern sich in die Teilnehmerrolle begibt oder die Sache einfach laufen läßt.

## 6.1  Konflikte, die durch Nicht-Leitung entstehen

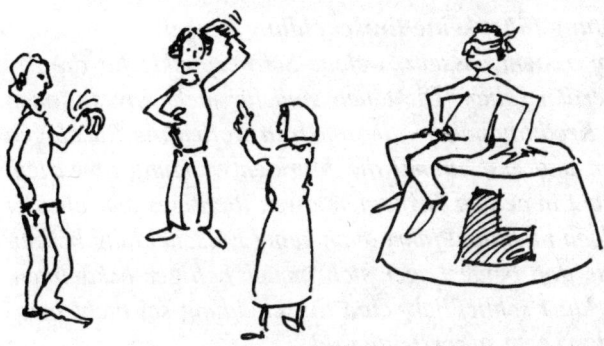

*Beispiel: „Leitung moderiert nicht"*
*Eine Diskussion mit Fachleuten und einer Gruppe von ca. 30 Inte-*
*ressierten wird mit Statements von vier eingeladenen Fachleuten*
*eingeleitet. Da das Thema alle Anwesenden interessiert, kommt es*
*zu vielen Wortmeldungen. Als einige durcheinander reden, hält*
*sich der Leiter immer mehr zurück, weil er es selbst für unhöflich*
*empfindet, anderen ins Wort zu fallen. Im Laufe des Gespräches*
*reduziert sich die Beteiligung auf zwei der Fachleute des Podiums*
*und drei Protagonisten im Saal. Als einer der Fachleute, der sich*
*zurückgehalten hatte, nach seiner Meinung gefragt wird, beant-*
*wortet jemand anderes auf dem Podium die Frage und läßt den*
*Angefragten gar nicht erst zu Wort kommen. Letzterer verab-*
*schiedet sich bald darauf mit dem Hinweis, er müsse seinen Zug*
*erreichen.*

Es läßt sich häufig beobachten, daß Leitung sehr zögernd ausgeübt
wird und der/die Leitende darauf achtet, ob ihre Leitung von allen anerkannt wird. Spüren sie Widerstand bzw. nur mangelnde Bereitschaft, die gängigen Regeln zu akzeptieren, ziehen sie sich zurück.
Das führt notwendig dazu, daß die Wortstarken das Feld erobern, die

mehr dem Rückzug Zuneigenden immer passiver werden und schließlich verärgert das Gespräch, die Diskussion verlassen.

**Beispiel: „Leitung führt keine Entscheidung herbei"**
*In einem Team besteht Dissenz, welche Schwerpunkte für die Arbeit gesetzt werden sollen. Die einen sind für mehr Investitionen und damit für Kreditaufnahme, die anderen wollen die Rücklagen nicht angreifen und erst einmal die Marktentwicklung abwarten. Die Leitung sieht in beiden Strategien etwas Richtiges, entscheidet sich selbst jedoch nicht und führt auch keine Entscheidung herbei. Das führt dazu, daß beide Lager sich immer heftiger bekämpfen. Die Leitung erklärt schließlich, eine Entscheidung sei nicht möglich, solange das Team so zerstritten sei.*

Die bisher beschriebenen Konflikte sind schon vielschichtig genug und auf den ersten Blick gar nicht zu durchschauen. Nach unserer Beobachtung bei Teams, die länger zusammenarbeiten, gibt es aber noch schwierigere Konflikte, die den Beobachtungen von Therapeuten bei Familien entsprechen: Konflikte werden stellvertretend ausgetragen.

**Beispiel: „Nebenschauplatz lenkt vom eigentlichen Thema ab"**
*In einem Team, das ein soziales Projekt aufgebaut hat und dieses zu einem guten Teil durch Spenden finanziert, wächst die Unsicherheit, ob die Arbeit im bisherigen Rahmen aufrechterhalten werden kann. Einige im Team haben bereits den inneren Rückzug eingeleitet. Zwischen dem Meinungsführer und dem eher ausgleichenden Leiter besteht eine Spannung. Der Meinungsführer drängt auf größere Geschlossenheit im Team und darauf, sich jetzt von denen zu trennen, die nicht mehr richtig mitziehen. Das löst bei dem Leiter Angstgefühle aus, er ist noch weniger handlungsfähig. Da der Meinungsführer jedoch ein Theoretiker ist und für die Organisation des Projektes nicht in Frage kommt, bleibt der Konflikt bestehen. Alle Teammitglieder wissen um den Konflikt, es wird jedoch niemand initiativ, die Spannung zu lösen. Dann scheidet die Jahrespraktikantin aus und ein junger, von den bisherigen*

*Konflikten unbeschwerter Praktikant kommt. Er kennt die ange-*
*spannte finanzielle Situation nicht und geht mit den Geldmitteln*
*nicht gerade sparsam um. Als der Fernsehapparat kaputtgeht, er-*
*greift der neue Praktikant, selbst Fußballfan, die Initiative und*
*kauft nach kurzer Rücksprache mit dem Leiter ein neues, größeres*
*Gerät. Ein Teammitglied, nicht der Meinungsführer, fühlt sich*
*durch diesen Kauf hintergangen und greift den Teamneuling heftig*
*an. Leitung und Meinungsführer schauen schweigend zu. Sie sind*
*froh, von ihrem Dauerkonflikt abgelenkt und entlastet zu sein. Da*
*der durch den Kauf des Fernsehapparates ausgelöste Konflikt von*
*den eigentlichen Sorgen ablenkt, sind auch die anderen nicht da-*
*ran interessiert, zwischen den Konfliktpartnern zu vermitteln.*

**Beispiel: „Leitung gibt keinen klaren Arbeitsauftrag"**
*In einem mehrteiligen Programm mit drei Trainerinnen wird die*
*Kursgruppe für einen halben Tag in drei Untergruppen zu je acht*
*TeilnehmerInnen aufgeteilt. Die Trainerinnen übernehmen jeweils*
*in einer Gruppe die Leitung. In einer Untergruppe ist die Aufga-*
*benstellung nicht klar. Es entsteht eine längere Diskussion, zu was*
*man sich entschließen will. Die Trainerin moderiert zurückhal-*
*tend. Sie präzisiert den Arbeitsauftrag nicht, damit die Gruppe an*
*die Arbeit gehen könnte, sondern gibt zu verstehen, die Untergrup-*
*pe müsse selbst entscheiden und der Entscheidungsprozeß sei*
*schon Teil der Aufgabenstellung. Inzwischen arbeiten die anderen*
*Gruppen bereits intensiv an ihrer Aufgabenstellung: Material für*
*eine Pressekonferenz zu entwickeln und zu formulieren.*
*In der nächsten Plenumsrunde stellt sich heraus, daß zwei Grup-*
*pen Arbeitsergebnisse vorlegen können, die dritte Gruppe aber*
*nicht. Diese muß am Abend nacharbeiten, um mit den anderen*
*wieder gleichzuziehen. Die Folge ist, daß die TeilnehmerInnen*
*versuchen, an den nächsten Tagen nicht mehr in die Gruppe der*
*Trainerin, die die Entscheidungsfindung locker moderiert hatte,*
*eingeteilt zu werden.*

Liegt hier ein methodischer Fehler der Trainerin vor? Erst einmal nicht. Ein langwieriger Entscheidungsprozeß kann durchaus dem Lernziel dienen. Nur verlangt das Absprache, ob die TeilnehmerInnen in einen gruppendynamischen Prozeß einsteigen wollen. Offensichtlich wollten das die TeilnehmerInnen dieses Seminars nicht, sie hatten nämlich die Absicht, mit ihren Arbeitsergebnissen vor die Presse zu treten und nicht, eine Fortbildung zur Verbesserung ihres Gruppenverhaltens zu machen.

Der Hintergrund war, daß die Trainerin die produktbezogene Arbeitsweise ihrer beiden Kolleginnen nicht favorisiert hatte. Sie war daher auch wenig bereit, als Ausbilderin zu fungieren, sondern wählte die Rolle einer Moderatorin. Daher hatte sie auch nicht überblickt, daß sie durch die Form ihrer Leitung einen gruppendynamischen Prozeß ausgelöst hatte. Die TeilnehmerInnen wollten sich aber gar nicht auf diesen Prozeß einlassen, sondern sich möglichst effektiv das Handwerkszeug für die eigene Öffentlichkeitsarbeit aneignen.

Wie in diesem Beispiel, löst Verzicht auf Leitung in der Regel einen gruppendynamischen Prozeß aus, der in den meisten Fällen weder von der Leitung noch von den TeilnehmerInnen gewollt ist.

Am Beginn von Kursen besteht mangelnde Leitung oft darin, die Absprachen nicht sorgfältig zu treffen. Dazu zwei Beispiele:

*Beispiel: „Fehlende Abklärung der Übungs- und Lernziele"*
*Am Beginn eines Gesprächstrainings gibt die Referentin nach der Kennenlernrunde eine allgemeine Einführung in die Methode und beginnt dann mit ersten Gesprächsübungen. Einige melden sich für die Rollenspiele. Am nächsten Tag gibt es große Schwierigkeiten, weil einige nicht üben wollen. Die Leitung hatte nicht abgeklärt, für welche Verwendungssituation diese Teilnehmer die Gesprächsmethode lernen wollten. Diese empfanden das Üben umso schwieriger, je länger sie in ihrer abwartenden Haltung steckenblieben. Hätte die Leitung herausgearbeitet, für was jeder lernen will, hätte sie eine höhere Motivation für Übungen aufgebaut. Sie*

*hatte auch unterlassen, Bedingungen zu formulieren und mit den TeilnehmerInnen auszuhandeln. Bereits da hätte vereinbart werden müssen, daß jeder einmal übt.*

**Beispiel: „Leitungsorientierung"**
*In einem thematisch angelegten Lehrgang bestand für die TeilnehmerInnen kaum Zeit, anzukommen und sich kennenzulernen, da der erste von fünf Referenten schon für eine halbe Stunde nach Beginn des Kurses eingeplant war. Die Leitung klärte mit den TeilnehmerInnen auch nicht ab, mit welchen Motiven die einzelnen zu dem Lehrgang gekommen waren und welche Themen und Probleme auf besonderes Interesse stießen. Im Verlauf der Woche ließ die Beteiligung an den Vorträgen nach. Dafür entwickelte sich ein intensives Gruppenleben außerhalb der Kurszeiten. Dort wurden viele Probleme besprochen und Erfahrungen ausgetauscht, für die innerhalb des Lehrganges kein Raum bestand. Einige, die keinen Anschluß gefunden hatten, zogen sich auf ihre Zimmer zurück. Vor der Auswertungsrunde waren die meisten KursteilnehmerInnen bereits abgereist.*

Die Beispiele zur Leitungsthematik beschreiben einige der vielen Formen, Leitung nicht wahrzunehmen. Damit soll die Beobachtung wiedergegeben werden, daß mehr Konflikte durch Verzicht auf Leitung verursacht werden als durch "zuviel Leitung". Möglicherweise spiegelt sich darin die Verunsicherung wieder, wie Leitung demokratisch ausgeübt werden soll. Die Notwendigkeit von Leitung ist immer gegeben. Sie kann von allen ausgeübt werden, z.B. wenn ein Verein seinen Vorsitzenden wählt, oder die Gruppe oder ein Team in einer wichtigen Sache abstimmt. Oft ist jedoch eine breite Mitsprache gar nicht vorgesehen. In Firmen z.B. ist die Geschäftsführung nur in begrenztem Maß den MitarbeiterInnen verantwortlich, jedoch den Gesellschaftern bzw. dem Aufsichtsrat in vollem Umfang. Die Ziele des Unternehmens werden, anders als in einem Verein, nicht von den Mitgliedern bestimmt, sondern von den Anteilseignern. Ebenso sind Kurse nicht allein der Mitbestimmung der TeilnehmerInnen überlassen.

Zumindest die thematische Eingrenzung ist vorgegeben; oft auch der Wille des Auftraggebers z.B. der Fortbildungsabteilung einer Firma oder eine Prüfungsordnung.

Diese unterschiedlichen strukturellen Zusammenhänge machen es erforderlich, Leitung jeweils abzustimmen. Das Thema "Konflikt" kann in verschiedenen Variationen auftreten.

## 6.2 Konflikte, die durch die Leitung verursacht werden

Wenn Leitung wahrgenommen wird, entstehen Konflikte meist nicht am Beginn, denn die Team- bzw. Gruppenmitglieder sind froh, wenn jemand da ist, der Arbeitsziele formuliert, Aufgaben verteilt, die Kooperation strukturiert. Trotzdem gibt es natürlich noch viele Möglichkeiten, durch Leitungsfehler Konflikte anzulegen, z.B. wenn eine neue Leitung die bisherigen Arbeitsverfahren und die eingespielte Kooperation des Teams nicht genügend berücksichtigt.

*Beispiel: „Leitung verändert ohne Einbeziehung des Teams"*
*Frau M. übernimmt die Leitung eines Kindergartens mit einem Team, das seit Jahren zusammengearbeitet hat. In diesem Team sind viele Traditionen gewachsen, mit denen sich die MitarbeiterInnen verbunden fühlen. Vieles ist wahrscheinlich veränderungswürdig. Das sehen die Teammitglieder auch, aber alle hängen an dem Satz: "Das war schon immer so." Die Festgestaltung, die Arbeitsabläufe und Formen der Elternarbeit sind im Team eingespielt und bieten die Sicherheit, daß die Veranstaltungen auch gelingen. Frau M. will sich damit nicht abfinden und verändert eigenständig und ohne Absprache mit dem Team bestimmte Arbeitsabläufe. Sie verändert auch die Elternabende und versucht, eine neue Form der Festgestaltung durchzusetzen. Dabei übergeht sie die gewachsene Struktur des Teams, berücksichtigt nicht die Ängste der Mitarbeiterinnen, die mit den Umstellungen verbunden sind und*

*erntet Unmut und Widerstand gegen ihre Neuerungen. Einzelne weigern sich, das zu tun, was die Leitung will, andere passen sich widerwillig an, weil sie die Auseinandersetzung scheuen. Die Leitung kann nicht damit rechnen, daß alle motiviert mitmachen. Spätestens jetzt muß sie die Widerstände thematisieren oder mit der Macht ihrer Position die Ausführung ihrer Anordnungen einfordern, wobei sie damit rechnen muß, daß die Arbeit nicht sorgfältig verrichtet wird, wenn sie diese durch Druck einfordert.*

In der Kursleitung können durch Fehler in der Eingangsphase ebenfalls Konflikte vorbereitet werden:

***Beispiel: „Nicht alle werden einbezogen"***
*Eine berufliche Fortbildung wird durch einen Erfahrungsaustausch eingeleitet. Es werden interessante Berichte gegeben. Nach dem Beitrag der vierten Teilnehmerin entspinnt sich eine Diskussion. Die Leitung ist froh über das Interesse und das Engagement der Diskutierenden und übersieht, daß drei mit ihrem Bericht noch nicht gehört worden sind. Als die Diskussion 20 Minuten vor dem Mittagessen zu ihrem Ende kommt, werden diese drei aufgefordert, noch schnell ihren Erfahrungsbericht einzubringen. Es besteht bei den anderen jedoch keine große Bereitschaft mehr zuzuhören, da die Diskussion das Interesse absorbiert hat. Die drei fühlen sich nicht ernstgenommen. Da sie sowieso die Tendenz haben, sich zurückzuhalten, beteiligen sie sich zunehmend weniger am Kursgeschehen. Eine wird krank und bricht den Kurs ab. Die beiden anderen entwickeln immer mehr Widerstände, verweigern Übungen und bringen am dritten Tag den Kurs in eine Krise. Sie mußten nämlich der Leitung und den anderen verdeutlichen, daß man sie nicht weiterhin wie in der Erfahrungsrunde übergehen kann.*

Einen Konflikt handelt sich die Leitung ein, wenn sie Teilnehmer bewertet.

*Beispiel: „Leitung bewertet TeilnehmerInnen"*

*In einem Leitungstraining legt der Trainer den Teilnehmern einige Fragen vor, die Antworten aus der Praxis der Teilnehmer einfordern, wie diese nämlich mit bestimmten Problemen in ihren Abteilungen umgehen. Einige legen ihr Vorgehen dar, ohne daß der Trainer Stellung nimmt. Als der fünfte Teilnehmer seine Lösung des Problems vorstellt, wird er kurz kritisiert. Er kommt sich vor wie in der Schule nach einer schlechten Note. Der übernächste Teilnehmer wird vom Trainer ausdrücklich gelobt. Am übernächsten Tag beginnt der Kritisierte mit dem, der vom Trainer gelobt wurde, eine heftige Auseinandersetzung über eine nebensächliche Frage.*

Leitungen von Arbeitsteams haben in der Regel mehr Machtmittel als Trainer oder Kursleiter. Sie sind auf der anderen Seite aber auch mehr von äußeren Einflüssen und Direktiven z.B. der Geschäftsleitung abhängig. Das führt dann leicht zu einem Konflikt, den die Leitung selbst erzeugt:

*Beispiel: „Chef bewertet einzelne im Team"*

*Herr S., der Chef eines Planungsbüros, ist von der Geschäftsleitung unter Zeitdruck gesetzt worden, den Bau einer Halle bis zum Monatsende in die Ausführung zu bringen. Der zuständige Ingenieur, Herr M., ist mit der Planung dieses Vorhabens vertraut und weiß, da er die Verhandlungen mit den einzelnen Firmen geführt hat, daß das Bauvorhaben am Monatsende von keiner der Firmen, die ein Angebot vorgelegt hatten, in Angriff genommen werden kann. Der Vorgesetzte unterbreitet Herrn M. die Frist, die die Geschäftsleitung gesetzt hat. Herr M. erklärt, daß die Frist unmöglich einzuhalten sei, es sei denn, die Abteilung würde neue Firmen anschreiben und die Ausschreibung mit neuen Konditionen formulieren. Herr S., der unter dem Druck seiner Vorgesetzten steht, "rastet aus" und greift Herrn M. vor allen anderen Mitarbeitern im Büro mit folgenden Worten an: "Daran hätten Sie schon früher denken können. Ich erwarte von Ihnen, daß bis zum Mo-*

*natsende der Baubeginn stattfindet." Herr M. ist verärgert über die Erniedrigung vor den anderen, darüber hinaus ist er sich keines Fehlers bewußt. Er hat wie immer frühzeitig das Bauvorhaben frei ausgeschrieben, die Angebote eingeholt, sorgfältig gesichtet und den Firmen, die das günstigste Angebot unterbreitet hatten, den Zuschlag gegeben. Jetzt steht er unter dem Druck, seine Absprachen den Firmen gegenüber revidieren zu müssen und fühlt sich gegenüber seinen Mitarbeitern blamiert. Der Chef hat den Druck, den ihm seine Vorgesetzten gemacht hatten, an den Projektleiter weitergegeben und nicht berücksichtigt, daß alle Verhandlungen bezüglich der Baumaßnahme bereits abgeschlossen waren.*

Gefährdet ist die Leitung auch dann, wenn sie sich in ihrer Autorität bedroht fühlt oder anfängt, zu rivalisieren.

**Beispiel: „Die Leitung fühlt sich durch fachlich besser qualifiziertes Personal bedroht und leitet mit zuviel Macht"**
*Die Leitung einer Intensivstation eines Krankenhauses versteht sich in ihrer Funktion als diejenige, die alles managen, kontrollieren und überprüfen muß. Sie tut sich schwer, neben sich kompetentes und gleichwertig ausgebildetes Personal zu akzeptieren und dieses verantwortlich arbeiten zu lassen. Deshalb kündigen kompetente Fachkräfte schon oft in der Probezeit, weil sie sich einer rivalisierenden Leitung gegenüber sehen und kaum eigenverantwortlich arbeiten können. Als die Leitung wegen Krankheit für mehrere Wochen ausfällt, sind die MitarbeiterInnen der Station unfähig, ihre Arbeit selbständig zu verrichten, da ihnen viele Informationen fehlen. Die Leitung hatte nämlich Materialien weggeschlossen und sie nur nach Bedarf einzelnen ausgehändigt. Für die Krankheitszeit wird eine Vertretung eingestellt, die die Station jetzt führt. Das Team wächst zusammen, die Mitarbeiterinnen besuchen Schulungen und sind erheblich motivierter. Nach ihrer Krankheit kommt die Leitung zurück und binnen kurzem reichen die fähigsten Mitarbeiterinnen die Kündigung ein.*

Dieser Fall, der sich in den verschiedensten Bereichen der Industrie und in Sozialeinrichtungen wiederfindet, beruht auf einem verengten Verständnis von Leitung. Leitung muß nicht alle Fachkompetenzen besitzen, die in dem Arbeitsbereich anfallen, vielmehr muß sie die MitarbeiterInnen koordinieren und sie entsprechend ihrer Begabung und ihrer Kenntnisse einsetzen.

Die Leitung provoziert oder verschärft Konflikte auch dann, wenn sie zu wenig auf die Bedürfnisse der KursteilnehmerInnen oder Teammitglieder eingeht. Dies soll am Beispiel eines Kurses gezeigt werden:

*Beispiel: „Trainerin gibt zu wenig Orientierung"*
*Einige TeilnehmerInnen einer Fortbildung, die sich mit Körperarbeit befaßt, reagieren nach den ersten Arbeitsphasen mit Kritik. Sie fühlen sich nicht gut aufgehoben, die Leitung reiht eine Übung an die andere. Das Lernziel der Übungen wird nicht überprüft und die Übungen werden nicht ausgewertet. Die Leitung reagiert auf diese Kritik mit Rechtfertigung. Sie beginnt zu begründen, weshalb sie das so macht, wie sie es macht und will nicht verstehen, was die TeilnehmerInnen zu sagen haben. Sie geht auf die Schwierigkeiten in der Gruppe nicht weiter ein. Deshalb wächst immer mehr Unmut, weil sich die Gruppenmitglieder von der Leitung nicht ernstgenommen fühlen. Dadurch kommt die Leitung immer mehr unter Druck. Sie versteht es nicht, die Gefühle der Teilnehmerinnen dadurch zu entlasten, daß sie diese ruhig anhört. Unter diesem Druck der Leitung entstehen neue Fehler: Denn die Leitung überlegt nicht mehr genügend, welche Übung sich organisch an die vorausgehende anschließen muß, sondern greift wahllos Übungen aus ihrem Repertoire heraus. Sie hofft, durch neue Übungen die Situation zu entspannen. Jedoch schon bei der Einführung der nächsten Übung blockieren die besonders aktiven TeilnehmerInnen.*

Dieses Beispiel zeigt, daß die Leitung Konflikte verschärft, wenn sie auf Kritik nicht eingeht bzw. nicht klärt, welche Anliegen hinter der Kritik stehen. Bezüglich der Kursarbeit wirkt es sich ebenfalls negativ aus, wenn Übungen nicht ordentlich ausgewertet werden und dadurch der Übergang zur nächsten Übung und der Sinn dieser Übung nicht vermittelt werden kann. Die aktiven TeilnehmerInnen vertrauen der Leitung immer weniger und fühlen sich selbst verantwortlich, den Verlauf des Kurses zu kontrollieren.

Es muß jedoch auch festgehalten werden:
Vorgesetzte, TrainerInnen und ReferentInnen können nie alle Erwartungen, die in sie gesetzt werden, erfüllen. Sie machen in dem Erleben ihrer Teammitglieder bzw. KursteilnehmerInnen immer irgendwelche Fehler. Selbst wenn das nicht der Fall ist, werden die Teammitglieder und TeilnehmerInnen versuchen, die ruhige Arbeit in der Strukturierungsphase in die Konfliktphase umzulenken, um die Machtverteilung infrage zu stellen. Vorher testen sie jedoch die Konfliktfähigkeit der Leitung und deren Bereitschaft, die Machtverteilung in der Gruppe neu auszuhandeln.

## 6.3 TeilnehmerInnen testen die Konfliktfähigkeit der Leitung

**Beispiel: „Konfrontation mit anderem Leitungsstil"**
*In einem Seminar für Führungskräfte werden Konferenztechniken vermittelt. In der Gruppe selbst steht eine Entscheidung darüber an, ob es am Mittwoch Nachmittag eine arbeitsfreie Zeit geben soll. Die Trainerin greift diese Frage auf, um daran modellhaft eine Konferenzleitung vorzustellen (zu Konferenzleitung siehe weiterbildung live Buch 1 "Den Ton treffen", S.51). In der Phase, in der Lösungsvorschläge formuliert werden, gibt es mehrere Alternativen, die dann im dritten Schritt alle zur Diskussion gestellt werden. Dadurch wird deutlich, daß jeder mit seinem Vorschlag ernstgenommen und das Für und Wider durchdiskutiert wird. Die Gruppe kommt nach einer Stunde zu einer einstimmigen Entscheidung.*

*In der Auswertung dieser realen Konferenz, die zugleich Übungscharakter hatte, wird die Trainerin von einem Teilnehmer kritisiert, der die demokratische Form, nämlich alle in den Entscheidungsprozeß zu integrieren und jeden Vorschlag zur Diskussion zu stellen, nicht akzeptieren kann. Im Verlauf der Aufarbeitung wird deutlich, daß derjenige, der diese Form ablehnt, mit dem eigenen, eher autoritären Führungsstil konfrontiert wurde und dadurch verunsichert war, daß eine einstimmige Entscheidung zustandekam, obwohl jeder mit seinen Wünschen berücksichtigt wurde. Dieser Teilnehmer formulierte, daß er häufig Konferenzen leite, für die er im Vorfeld schon Entscheidungsprioritäten gefunden habe und die dann von den Anwesenden nur noch abgesegnet werden müßten. Die Konfrontation mit dem anderen Leitungsstil stellt hier die Qualität des eigenen Leitungsverhaltens infrage. Der Teilnehmer mußte sich, um seine eigene Rolle klären zu können, mit dem Leitungsstil der Trainerin auseinandersetzen. Zugleich war dies ein Test, ob Konflikte angemeldet und dann auch ohne nachteilige Folgen für denjenigen, der ein Problem auf den Tisch gelegt, bearbeitet werden.*

**Beispiel: „Unterstützt der Chef die Mitarbeiter?"**
In einem Baubüro ist man auf Vorschlag eines Mitarbeiters über-
eingekommen, ein Ferienhaus in Modulbauweise anzubieten. Als
einige größere Aufträge abgewickelt sind, kommt der Chef in einer
Routinebesprechung auf das Vorhaben zurück. Zwei Tage später
bittet der Mitarbeiter, der das Projekt vorgeschlagen hatte, um ein
Gespräch. Er will die Projektleitung abgeben, da er noch zwei
Auffträge abzurechnen habe und sich mit dem neuen Projekt überfordert fühle. In dem Gespräch klärt sich, daß er seine Idee schon
gerne umsetzen würde. Der Konflikt ist auf den ersten Blick nicht
erkennbar. Der Mitarbeiter reagiert von seinem Persönlichkeitstyp
her eher mit Rückzugsverhalten und dies gilt in unserer Kultur
nicht als aggressiv. Das Gespräch mit dem Chef war insofern ein
Test, als der Mitarbeiter ausprobierte, ob der Chef es akzeptieren
würde, wenn er die Projektleitung niederlegen würde. Zugleich
war das Gespräch auch eine Anfrage, ob der Chef ihn aus der eigenen Unsicherheit heraushelfen und sein Selbstvertrauen unterstützen würde.

**Beispiel: „Trainer wird infrage gestellt"**
In einem Training wurde die Konfliktfähigkeit eines der Trainer
unvermutet und sehr deutlich infrage gestellt. Die letzte Trainingssequenz war schleppend verlaufen. Als in der Auswertung nicht
deutlich wurde, was die Lernhemmung verursacht hatte, thema-
tisierte der Trainer die Stimmungslage. Eine Teilnehmerin reagierte mit Heftigkeit: Da sie sich beim Trainer nicht sicher sei, ob
dieser überhaupt Kritik akzeptiere und die Teilnehmer nicht "her-
untermache", wenn diese sich kritisch äußerten, sehe sie sich
außerstande, auf die Frage zu antworten. Der Trainer ist überrascht und muß erst einmal Luft holen. Er reagiert: "Dies ist ein
ziemlich starker Vorwurf gegen mich. Habe ich Anlaß zu der Befürchtung gegeben, daß ich Kritiker bestrafe?" Damit war die
Konfliktphase eingeleitet. Der Konflikt mit dem Trainer konnte
jetzt genauer lokalisiert werden: Die Übungsaufgaben waren als

*zu schwierig empfunden worden, so daß die Auswertung zu lange gedauert hatte und einzelne, so auch die TeilnehmerInnen, die den Trainer infrage gestellt hatten, fürchten mußten, selbst nicht mehr üben zu können. Weitere Konfliktklärungen, die durch die Interaktion bei den Rollenspielen entstanden waren, schlossen sich an.*

Dieser Konflikt zeigt besonders deutlich, daß eine Infragestellung der Leitung, als Prüfstein gilt, wie die Konflikte von der Leitung aufgegriffen werden und ob mit "Bestrafung" zu rechnen ist, wenn jemand einen Konflikt anmeldet.

## 6.4 TeilnehmerInnen delegieren die Konfliktbearbeitung an andere

TeilnehmerInnen oder Teammitglieder testen nicht nur die Konfliktfähigkeit der Leitung, sie versuchen auch, andere einzuspannen, um ihren Konflikt zu lösen. Dazu ein Beispiel aus einem sich demokratisch verstehenden Arbeitsteam:

**Beispiel: „Verantwortung für Unzufriedenheit wird an Kollegin delegiert"**
*Ein Team, das in der Kundenbetreuung zusammenarbeitet, kommt zu seiner halbjährlichen zweitägigen Besprechung zusammen. Herr M. hat wiederholt Probleme mit Herrn F. gehabt. Es ging um pünktliche Lieferung und Abrechnungen. Auf der Fahrt zu dem Tagungshotel macht Herr M. gegenüber seiner Mitfahrerin und Kollegin S. seinem Ärger Luft. Die Sitzung beginnt, ohne daß M. sein Problem auf den Tisch legt. Derweil spürt Frau S. Druck. Sie weiß von dem Konflikt und kann sich nicht auf andere Themen konzentrieren. Als am Nachmittag Abrechnungsmodalitäten auf der Tagungsordnung stehen, hält es Frau S. nicht mehr aus und spricht die von Herrn F. versäumten Termine und fehlerhaften Abrechnungen an, für die Herr M. dann hätte geradestehen müssen. M. sagt einlenkend, es sei nicht so schlimm gewesen. Frau S. fühlt sich von Herrn M. im Stich gelassen.*

Wie ist die Reaktion von M. zu verstehen? Schon bei der Fahrt zum Tagungshotel hatte M. gespürt, daß Frau S. den Konflikt emotional aufgegriffen und mit ihm auf Herrn F. geschimpft hatte. M. fühlte sich dadurch entlastet und war sehr einverstanden, daß Frau S. für ihn ins Feld ging. Er brauchte Herrn F. gegenüber nur noch eine Versöhnungsgeste zu machen.

**Beispiel: „Teilnehmerin übernimmt Verantwortung für andere Teilnehmerin"**
*In einem längeren Ausbildungsprogramm kommt es zu den üblichen Ermüdungserscheinungen und einer leichten Mißstimmung. In einer Auswertungsrunde äußert Claudia, daß es ihr nicht gut gehe. Auf die Frage der Leitung, ob sie etwas klären wolle, äußert sie sich unbestimmt. Die Leitung meldet ihr mit einem kritischen Unterton zurück, mit solch undefinierbaren Unmutsäußerungen könne niemand etwas anfangen. Claudia unterdrückt ihren Ärger und wartet das Ende des Kurstages ab. Am nächsten Abend, die Gruppe ist mitten in der Machtkampfphase, nimmt sich Judith die*

Leitung vor. Sie habe jegliches Vertrauen in deren Kompetenz verloren, nachdem sie habe beobachten müssen, wie wenig einfühlsam die Leitung gestern mit Claudia umgegangen sei. Die Leitung fragt nach, welchen Konflikt Judith mit ihr, der Leitung habe, ob sie sich auch so wenig einfühlsam behandelt fühle. Judith ist überrascht von dieser Rückfrage und erklärt, sie habe gestern noch lange mit Claudia reden müssen, weil diese so erregt gewesen sei. Claudia gibt auf Rückfrage der Leitung zu verstehen, sie verspüre zwar noch Ärger wegen des Vorfalls, es sei aber nicht mehr so schlimm - denn, so kann der Beobachter folgern, Judith hatte es übernommen, den Ärger Claudias gegenüber der Leitung zum Ausdruck zu bringen.

Der Versuch, dem Konfliktpartner die Lösung des eigenen Konfliktes zuzuspielen, kann folgendermaßen aussehen:

**Beispiel: „Mitarbeiter kündigt Störung an und nimmt wieder zurück"**
*Das Team einer Sozialeinrichtung trifft sich zu einer größeren Arbeitsbesprechung. In der ersten Runde erklärt Rainer, er müsse etwas klären. Auf die Rückfrage, um was es gehe, antwortet er: Er werde es zu gegebener Zeit sagen. Als Gisela zu Beginn der zweiten Sitzungsrunde fragt, was für ein Problem er habe, äußert er, das könne er im Moment noch nicht sagen, er würde sonst den Gruppenprozeß stören. Bei der darauffolgenden Runde meldet Gisela eine Störung an. Sie wolle endlich wissen, was Rainer zu klären habe. Dieser entgegnet, er müsse sich noch überlegen, ob er die Sache wirklich auf den Tisch bringen könne. Er fühle sich im Moment in der Gruppe nicht wohl genug, um eine so schwierige Sache zu besprechen. Als die Leitung den nächsten Tagesordnungspunkt aufruft, fragt Gisela wieder nach. Darauf Rainer: Jetzt habe er ein Problem mit Gisela, wieso diese sich beeinträchtigt fühle, wenn er mit seinem Problem nicht herausrücke. Die Leitung will den Konflikt umgehen. Gisela, die schon einen solchen Verlauf gewohnt ist, läßt nicht locker. Rainer könne immer*

*wieder irgendwelche Probleme andeuten und dann wieder zu-*
*rückziehen. Das würde sich auch diesmal nachhaltig auf die Stim-*
*mung im Team auswirken.*

Die Leitung wird nervös und Rainer hat erreicht, was er wollte. Gisela
übernimmt es, sein Problem auf den Tisch zu bringen. Er kann sich
jetzt Stück für Stück das Problem aus der Nase ziehen lassen. Die
ganze Gruppe kümmert sich um ihn und erscheint fast dankbar, daß er
endlich redet. Hätte die Leitung in der ersten Runde darauf gedrun-
gen, daß Rainer sagt, was er klären will, hätte dieser nicht erreichen
können, daß die ganze Gruppe von seinem Problem absorbiert worden
wäre.

In den vorausgegangenen Beispielen wurde beschrieben, wie die Be-
arbeitung eines Konfliktes delegiert werden kann. Oft bewegt die
Energie, die in nicht bearbeiteten Konflikten steckt, auch andere
Gruppenmitglieder zum Handeln.

**Beispiel: „Mitarbeiter reagiert auf Rückzug"**
*In einem Sozialteam reagiert ein Mitarbeiter mit Rückzug, wenn er*
*Spannungen spürt, die sich auf seine Person richten. Da er mit*
*dem Rechnungswesen betraut ist, haben sich Kollegen und Kolle-*
*ginnen mit seinem Verhalten abgefunden. Als ein neuer Mit-*
*arbeiter einen wichtigen Arbeitsbereich übernimmt, reagiert die-*
*ser zunehmend auf die Rückzugstendenzen des Kollegen, was dazu*
*führt, daß dieser sich noch mehr verschließt. Die übrigen Mitar-*
*beiter und Mitarbeiterinnen verstehen nicht, warum der Neue es*
*nicht aushält, wenn der andere sich bei Spannungen zurückzieht.*
*"Den anderen in Ruhe lassen" ist die Gruppennorm, die allerdings*
*nicht berücksichtigt, daß blockierte Konfliktenergien auf andere*
*Teammitglieder "überspringen". Derjenige, der sich, wenn auch*
*aggressiv, mit den Rückzugstendenzen des anderen auseinander-*
*setzt, zeigt wahrscheinlich mehr Interesse als die, die den Kolle-*
*gen einfach in Ruhe lassen. Allerdings bleiben die Energien des-*

*truktiv und fördern das Einzelkämpfertum, solange die Konflikte nicht wirklich bearbeitet werden.*

Auch in Kursen ist zu beobachten, daß blockierte Energien von einem anderen Teilnehmer, einer anderen Teilnehmerin übernommen und ausgedrückt werden.

*Beispiel: „Teilnehmer reagiert mit Kopf- und Schulterschmerzen auf Rückzug"*
*In einem Training zieht sich ein Teilnehmer zurück und findet auch nicht den Absprung, in einem Rollenspiel Leitungsverhalten auszuprobieren. Er rechtfertigt sich umständlich, warum er kein Rollenspiel machen könne. Die Gruppe reagiert zuerst schweigend. Am nächsten Tag berichtet ein anderer Teilnehmer von starken Kopf- und Schulterschmerzen. Es stellt sich schrittweise heraus, daß er auf die langatmigen Erklärungen desjenigen reagierte, der nicht üben wollte. Es kommt zu einem heftigen Konflikt, denn letzterer wehrt sich jetzt, spürt Zorn, weil ein anderer ihn zwingen wolle, ein Rollenspiel zu machen und er wehrt sich vehement gegen den Vorwurf, er spiele im Kurs nur eine Zuschauerrolle.*
*Durch den Konflikt sind die blockierten Energien gelöst und der, der sich erst so vehement gewehrt hatte, kann jetzt ohne Schwierigkeiten in eine Trainingssequenz einsteigen. Allerdings war die Intervention des anderen, der seine Kopf- und Schulterschmerzen loswerden wollte, notwendig, damit jener aus seiner abwartenden Haltung herausfinden konnte.*

## 6.5 Einer handelt für die Gruppe die Normen mit der Leitung aus

Legt sich in der Konfliktphase ein Team- oder Gruppenmitglied mit der Leitung an, kann diese davon ausgehen, daß dieses Mitglied nicht

nur für sich, sondern auch für die anderen etwas aushandelt. Das ist besonders dann der Fall, wenn es um:
- verbindliche Arbeitszeiten,
- den pünktlichen Abschluß des Kurstages bzw. der Arbeitswoche,
- Leitungskriterien,
- u.ä. geht

Es könnte so aussehen, als sei dieses Aushandeln von Normen immer auf Begrenzung der Leistungen der Gruppen bezogen. Es gibt aber durchaus auch andere Fälle, d.h. die Gruppe fordert mehr von dem Referenten ein, z.B.:

*Beispiel: „Teilnehmer fordert angemessene Arbeitsweise ein"*
*In einem arbeitsintensiven Seminar läßt sich der Referent immer wieder verleiten, längere Ausführungen zu machen. In der Konfliktphase fordert ein Gruppenmitglied ein, daß im Kurs genügend Zeit für Kleingruppenarbeit gegeben werden solle, da man da sehr viel mehr lerne und sich erarbeiten könne, als wenn man den Ausführungen des Referenten zuhörte. Der Referent wird darauf hingewiesen, daß er seine Redezeiten begrenzen muß.*

Die Konfliktphase dient nicht nur dem Aussprechen von Lernwiderständen, Kooperationsschwierigkeiten u.a., sie hat auch gerade im Blick auf die Leitung die Funktion, verbindliche Vereinbarungen zu treffen. Nach der Konfliktphase muß die Leitung sich gefallen lassen, daß sie an ihre Vereinbarungen erinnert wird.

*Beispiel: „Teammitgleider beenden Dienstbesprechung pünktlich"*
*Ein ganz einfaches Beispiel ist die Pünktlichkeit. In einem Team nimmt es die Leitung nicht sehr genau damit, die Dienstbesprechungen pünktlich zu beginnen. Die Gruppe hat aber erreicht, daß die Dienstbesprechung auf eine bestimmte Zeit begrenzt wird. Die Leitung muß sich gefallen lassen, daß ein Teammitglied deutlich*

*darauf aufmerksam macht, daß die Zeit für die Dienstbesprech-*
*ung jetzt verbraucht sei.*

Dieses Beispiel zeigt deutlich, daß nach der Konfliktphase nicht mehr die Leitung die gesetzgebende Instanz ist, an der sich alle auszurichten haben, sondern daß die Vereinbarungen als Rechtsnorm gelten, an die sich die Leitung genauso wie alle anderen zu halten hat. Eine Leitung, die sich nicht den gemeinsamen Normen der Gruppe unterwirft, signalisiert, daß sie eine Sonderrolle beansprucht und daß sie meistens auch die Konfliktphase nicht richtig verstanden hat. Da die Konfliktphase nicht nur für die Gruppe, sondern auch für die Leitung die schwierigste ist, ist die Möglichkeit besonders groß, in dieser Phase Fehler zu machen. Der Hauptfehler, aus der die viele Leitungsprobleme erwachsen und über Jahre hinaus Teams in ihrer Leistungsfähigkeit beeinträchtigen und sogar lähmen, ist, wenn die Leitung sich nicht auf die Konfliktphase einläßt und sie nicht als persönliche Herausforderung annimmt.

## 6.6 Fehler der Leitung in der Machtkampfphase

Kündigt sich die Machtkampfphase über Körpergefühle wie Herzklopfen, Kopfschmerzen, zugeschnürte Kehle, Druck und Unwohlsein
in der Bauchgegend oder anders an, sind Angstgefühle, aber auch
Wut und Ärger, normale Reaktionen der Leitung. Oder sie wird versucht sein, einfach über die Konflikte hinwegzusehen.
Die Konflikte sind für die Entwicklung eines Teams bzw. einer Gruppe notwendig. Die Leitung gerät jedoch in die Auseinandersetzung.
Ist sie nicht bereit, mit dem Team, der Gruppe durch diese Phase zu
gehen, entstehen lang andauernde Spannungen, die nicht nur die Beziehungsebene belasten, sondern die Kreativität und Leistungsbereitschaft erheblich reduzieren.

*Beispiel: „Leitung stützt Rivalität zwischen MitarbeiterInnen"*
*In einem Bildungswerk mehren sich Angriffe und gegenseitige*
*Vorwürfe zwischen zwei hauptamtlichen Teammitgliedern. Die*
*Konflikte sind teils durch organisatorische Probleme bedingt, zum*
*anderen aber auch im Ansehen, das das jeweilige Fachgebiet im*
*Vorstand des Bildungswerkes genießt. Die Leiterin tut so, als wür-*
*de sie die gegenseitigen Angriffe nicht bemerken. Sie greift nur die*
*Sachproblematik auf, sucht das organisatorische Problem zu lösen*
*und jedem Fachgebiet gleiche Budgetmitttel und die Belegung der*
*besseren Räume zuzugestehen. Das führt dazu, daß sich die beiden*
*Teammitglieder ungehindert weiter befehden und die anderen sich*
*zunehmend benachteiligt fühlen, weil die guten Räume erst einmal*
*den beiden Kampfhähnen zugeteilt und deren Budgetwünsche auf*
*jeden Fall erfüllt werden. Die Leitung hofft nämlich, so den Kon-*
*flikt eingrenzen zu können. Als sich eine Mitarbeiterin außerhalb*
*einer Sitzung über die Stimmung im Team beschwert, ist die Ant-*
*wort der Leiterin: "Die beiden sind so verschieden. Die werden*
*sich wegen jeder Kleinigkeit streiten." Die nicht am Streit beteilig-*
*ten Teammitglieder gewinnen den Eindruck, daß nur der zu seinem*
*Recht kommt, der möglichst lautstark seine Forderungen auf den*
*Tisch legt. Als das einige probieren, explodiert die Leitung und*

*beschimpft reihum die Teammitglieder, die nicht in den Konflikt verwickelt sind, ihr nur die Arbeit schwer zu machen.*

Dieses und die folgenden Beispiele machen deutlich, daß die Leitung die Situation nur verschärft und sich ihre eigene Aufgabe noch schwerer macht, wenn sie nicht die Lösung des Konfliktes betreibt.

*Beispiel: „Machtkampf durch mangelnde Integration"*
*In einem Kindergarten gibt es drei feste Gruppen im Haus, eine vierte Gruppe ist aus Platzmangel in einem anderen Gebäude untergebracht. Die Gruppenleiterin der vierten Gruppe fühlt sich durch die Auslagerung einerseits aus dem Team ausgeschlossen, andererseits kann sie sehr eigenständig und ohne Rücksicht auf die anderen arbeiten. Sie genießt ihre Freiheit und Unabhängigkeit, entwickelt sich zunehmend zu einem Außenseiter im Team und zu einer zweiten Leitung. Am Teamgespräch nimmt sie zwar teil, spürt aber die Ausgrenzung und die Informationsdefizite. Schwierigkeiten werden nicht angesprochen, weder von der Betroffenen noch von der Kindergartenleitung. Die Spannungen zwischen dieser Erzieherin und dem Rest des Teams wachsen. Die Gruppenleiterin der vierten Gruppe beginnt, zunehmend ihre eigenen Vorstellungen ohne Rücksprache mit dem Team zu verwirklichen und setzt sich damit auch von der Konzeption des Kindergartens und den Vorgaben durch die Leitung ab. Da sie die Akzeptanz der Eltern in ihrer Gruppe hat, fühlt sie sich stark.*
*Ein Jahr später wird das Hauptgebäude erweitert und die vierte Gruppe zieht in das Haus zu den anderen drei Gruppen. Jetzt werden die Schwierigkeiten deutlich. Die Erzieherin der vierten Gruppe hat so selbständig und unabhängig gearbeitet -, sie war sozusagen ihre eigene Leitung -, daß es ihr schwerfällt, sich an bestimmte Vorgaben des Teams oder der Leitung zu halten, was dazu führt, daß in jeder Teambesprechung Störungen geäußert werden. Die Bearbeitung der Störfaktoren ist schwierig, weil die Erzieherin ihre gewonnene Unabhängigkeit nicht verlieren will. Jedes Zugeständnis erlebt sie als Machtverlust, den sie nicht hinnehmen*

*will. Sie hat sich auf einen Machtkampf sowohl mit der Leitung wie auch mit dem Team eingelassen. Da sie es versteht, die Eltern ihrer Gruppe auf ihrer Seite zu halten, wird der Konflikt auch bei Entscheidungen des Elternrates deutlich. Die Situation löst sich erst, als die Erzieherin wegen eines Stellenwechsels ihres Mannes wegzieht und daher kündigt. Zurück bleiben Eltern, die die Autonomie ihrer Kindergartengruppe noch über Monate hinweg deutlich machen. Die neue Erzieherin, die die Gruppe übernimmt, braucht lange, um Akzeptanz bei den Eltern dieser Kinder zu erhalten.*

Die Leitung des Kindergartens hatte es versäumt, ihre Führungsrolle in bezug auf die ausgelagerte Gruppe wahrzunehmen. Sie hat weder den Eltern noch der Erzieherin der ausgelagerten Gruppe Orientierung gegeben, und sie hat nicht verhindert, daß diese Erzieherin in eine Außenseiterrolle gegenüber dem Team geriet. Sie hat nicht geleitet, sondern ein sich verselbständiges System gestützt und war dann durch die dadurch entstandenen Konflikte überfordert.

In einer Gruppe wird Unzufriedenheit spürbar, einzelne ärgern sich über andere. Die Gruppe steht in der Vormachtkampfphase und die TeilnehmerInnen testen an der Leitung, wie sie in die Konfliktphase einsteigen können.

**Beispiel: „Leitung unterstützt Auszeit einer Teilnehmerin"**
*In einer Ausbildungsgruppe trainieren die TeilnehmerInnen neue Methoden in kurzen Übungssequenzen. In einer Kleingruppe von fünf Personen entsteht ein Konflikt zwischen Frau M. und Frau K. Die Leitung registriert diesen Konflikt von außen, greift ihn jedoch nicht auf, als er im Plenum von Frau M. formuliert wird. Es entsteht ein kurzes Wortgefecht zwischen den beiden Frauen, das zur Verschärfung der Situation führt. Frau M. ist ärgerlich darüber, daß die Leitung nicht reagiert und die Vermittlung im Konflikt nicht übernimmt. Sie selbst sieht sich nicht in der Lage, den Konflikt zu moderieren, sie hat ihn ja bereits angemeldet. Nach der*

*Mittagspause gibt der Leiter der Gruppe bekannt, daß sich Frau K. eine "Auszeit" genommen habe. Frau M., die noch immer ärgerlich ist, fragt die Leitung, wie das zu verstehen sei. Diese erklärt, daß sich Frau K. freigenommen habe und auf diese Weise für sich sorge. Für Frau M. ist das unverständlich, sie drückt ihren Ärger noch einmal aus und stellt bei sich zunehmend die Kompetenz der Leitung infrage. Frau M. fragt sich auch, wie sie mit dieser Person, die sich aus dem Konflikt zurückzieht, weiter lernen könne. Sie trifft für sich die Entscheidung, mit Frau K. nicht mehr in der gleichen Übungsgruppe zu arbeiten. Am nächsten Morgen kommt Frau K. in den Kurs zurück und verhält sich so, als sei nichts vorgefallen. In der Plenumsrunde formuliert Frau M. nochmals, daß sie noch immer verärgert sei und deshalb mit Frau K. nicht zusammenarbeiten könne. Die Leitung übergeht auch diese Äußerung und fährt im Programm fort. In den Pausen und der freien Zeit am Abend bilden sich kleine Gruppierungen, die sich einig sind, die Ausbildung nicht weiter fortzusetzen. Die Leitung erfährt am Ende des ersten dreitägigen Abschnittes des Gesamtprogramms, daß 50 % der Teilnehmer am nächsten Kursblock nicht mehr teilnehmen werden. Die Teilnehmer, die abbrechen, sind sich darüber einig, daß in einem mehrteiligen Programm Schwierigkeiten auftauchen, diese jedoch aufgearbeitet werden müssen, wenn ein produktives Lernen auf lange Sicht möglich bleiben soll.*

Auf ein gefährliches Glatteis begibt sich die Leitung, wenn sie zwar die Konfliktklärung übernimmt, dabei aber nur mit einem der Konfliktpartner jeweils spricht, anstatt diese an einen Tisch zu holen.

***Beispiel: „Leitung holt die Konfliktpartner nicht an einen Tisch"***
*In einem sozialen Team sind zwei Mitarbeiterinnen für die Bereitschaft am Nachmittag eingeteilt. Sie werden während des Nachmittages nur einmal angefordert, ansonsten können sie aufräumen und die Dokumentation nachtragen. Einer Mitarbeiterin kommt 45 Minuten vor Dienstende die Idee, noch etwas in der Stadt zu erle-*

*digen. Sie verabschiedet sich von der anderen. Diese verhält sich reserviert, sagt aber nicht, daß sie sich allein zu unsicher fühlt und von der Kollegin erwartet, daß diese ebenfalls ordnungsgemäß den Dienst zuende führt. Kurz vor Ende des Dienstes wird sie noch einmal beansprucht. Sie schafft die Aufgabe alleine, ist aber trotzdem wütend auf die Kollegin, von der sie sich im Stich gelassen fühlt. Diese erfährt jedoch nichts vom Ärger der Kollegin, die den Konflikt direkt zu der Vorgesetzten trägt. Diese rügt die Mitarbeiterin und hat als Ergebnis, daß die beiden nicht mehr in einer Schicht arbeiten wollen.*

Wenn Team- oder Gruppenmitglieder sich mit ihrer Unzufriedenheit bei der Leitung "Luft machen", um sich von dem Druck zu entlasten, hoffen sie, daß die Leitung die Angelegenheit für sie in die Hand nimmt. Diese Form der Entlastung ist zunächst nichts Ungewöhnliches und auch nicht problematisch. Schwierig wird es erst, wenn die Leitung die Aufgabe übernimmt, denjenigen, der sich über ein Teammitglied beschwert, zu besänftigen, ihm sogar Recht gibt, ohne den Betroffenen dazu zu hören. Nimmt sie selbst die Sache in die Hand und rügt das Teammitglied, das beschuldigt wird, stützt sie das "Hintenherum-Verhalten" im Team, schürt und unterstützt Rivalitäten und Intrigen. Sie verhindert auch, daß die MitarbeiterInnen und Gruppenmitglieder eigenverantwortlich handeln, indem sie offen mit ihren Störungen umgehen und auch die Konsequenz ihres Verhaltens rückgemeldet bekommen. Sie nimmt vielmehr den MitarbeiterInnen die Aufgabe ab, den Konflikt mit der Kollegin, dem Kollegen anzusprechen und lädt sich die alleinige Verantwortung für die Klärung des Konfliktes und für das Ergebnis auf.

Die Aufgabe der Leitung besteht darin, diejenigen, die den Konflikt hinter dem Rücken der Kollegin mit der Leitung ansprechen, zu motivieren, diesen Konflikt direkt zu klären. Die Leitung sollte solchen Mitarbeiterinnen und Mitarbeitern anbieten, die Konfliktmoderation zu übernehmen. Als Leitung hat sie nämlich die Möglichkeit, die Konfliktpartner an einen Tisch zu holen und die Moderation selbst in die Hand zu nehmen. Wie eine solche Konfliktmoderation gehandhabt werden kann, ist unten im Kapitel 9 beschrieben.

## 6.7 Anforderungen an die Leitung in der Machtkampfphase

In den vorausgegangenen Beispielen wurde deutlich, daß Leitung viele Fehler machen kann. Dies bedeutet jedoch nicht, daß sich diese Fehler nicht ausräumen ließen. Die Leitung kann lernen, eigene Körpergefühle wie Druck im Magen oder Bauch, Verspannung im Schulter- und Nackenbereich, Herzklopfen, feuchte Hände, Kopfschmerzen, etc. wahrzunehmen. Diese Körpersignale sind meist erste Anzeichen dafür, daß auch in der Gruppe etwas nicht stimmt. Die Leitung kann aufmerksam werden für Stimmungswechsel in der Gruppe oder im Team, die sich als Lustlosigkeit oder Lähmung, mit jeweils aggressiven Untertönen anzeigen. Mit der Wahrnehmung dieser Signale und Gefühle stellt sie sich innerlich auf die neue Realität in der Gruppe, im Team ein, die zunächst mit Unsicherheit und auch Ängsten verbunden ist. Diese Unsicherheit steht im Zusammenhang mit fehlender Orientierung darüber, was in der Gruppe, was in dem Team zu dem Stimmungsumschwung geführt hat. Die Leitung sollte nicht so lange warten, bis die Stimmung sich noch mehr verschlechtert und der Konflikt sich weiter zuspitzt, sondern die Möglichkeit wahrnehmen, sich selbst von ihren Symptomen zu entlasten und die Gründe für den Stimmungsumschwung in der Gruppe kennenzulernen. Sie sollte von der Gruppe, dem Team Orientierung einholen, was im Augenblick die Blockierung ausmacht, weshalb sich einzelne mit aggressiven Untertönen äußern, warum im Moment die Motivation für die Aufgabenstellung fehlt, was so lähmend wirkt. Sie kann dies in Form einer Anhörrunde erfragen, in der jeder seine momentane Stimmung beschreibt. Wichtig ist jedoch, daß der Plenumsrunde Klein- bzw. Murmelgruppen vorausgeschaltet sind, denn dann können die einzelnen überprüfen, ob auch andere die Stimmung ähnlich erleben,

Motivationsschwierigkeiten haben, ärgerlich sind u.a. Wichtig ist, daß trotz Murmelrunde und Kleingruppenarbeit jeder im Plenum Stellung nimmt, denn in der Konfliktphase besteht immer die Gefahr, daß einer, der etwas zu klären hätte, diesen Auftrag gerne an ein anderes Gruppenmitglied weitergibt (s. Kap. 6). Durch Nachfragen hat die Leitung die Chance, möglichst genau herauszuarbeiten, wo und bei wem Konflikte oder Störungen vorliegen. Sie muß strikt darauf achten, daß diese Störungen in Ich-Aussagen und nicht als Anklage gegenüber einem anderen Gruppenmitglied bzw. gegenüber der Leitung formuliert werden. Für die Leitung ist es wichtig, die Störung auf der richtigen Ebene zu lokalisieren.

### Regelebene

Handelt es sich um eine Schwierigkeit, die sich auf diffuse Arbeitsaufträge, Anweisungen oder ungenaue Vorgaben der Leitung bezieht, ist der Konflikt auf der Regelebene auszumachen und geht auf das Konto der Leitung. Es können aber auch Vereinbarungen, z.B. bezüglich der Pünktlichkeit und ähnliches verletzt sein. Die Leitung kann diese Konflikte ansprechen und, wenn sie selbst betroffen ist, die Situation schnell entspannen, indem sie eigene Fehler einräumt und z.B. ihre Arbeitsanweisungen präzisiert. Meist sind damit die Schwierigkeiten ausgeräumt und die Gruppe ist entlastet, weil sie mit einer Leitung zu tun hat, die Fehler zulassen kann, sich nicht sofort angegriffen fühlt und bei der man davon ausgehen kann, daß auch eigene Fehler nicht so streng beurteilt werden.

### Inhaltsebene

Wird deutlich, daß es unterschiedliche Auffassungen zu einem Thema gibt, verschiedene Sichtweisen z.B. in bezug auf pädagogische Ziele vorhanden sind, ein Sachproblem unterschiedlich bewertet wird, so liegt ein Meinungsgegensatz auf der Inhaltsebene vor. Durch Diskussion können die verschiedenen Standpunkte transparent gemacht und Lösungswege gefunden werden. Die Leitung hat die Aufgabe, die unterschiedlichen Meinungsaspekte zur Diskussion zu stellen und mit den Regeln der Diskussionsleitung ein breites Meinungsbild zu ermöglichen. Sie achtet darauf, daß die Diskussionsteilnehmer inhaltlich Argumente pro und contra zum anstehenden Thema formulieren und unterbindet, daß sich Diskussionspartner persönlich angreifen (siehe weiterbildung live Band I "Den Ton treffen", Regeln für die Diskussion). Steht eine Entscheidung im Team oder in der Kursgruppe an, leitet sie das dann notwendige Gespräch nach den Regeln der Konferenz und achtet darauf, daß die zu fällende Entscheidung möglichst einstimmig erfolgt. Bei einer Entscheidung im Team oder einer Gruppe, die mit Gegenstimmen und Enthaltungen verabschiedet wird, muß die Leitung damit rechnen, daß diejenigen, die der Entscheidung nicht zustimmen konnten, diese nicht mittragen oder sogar dagegen arbeiten und die Entscheidung unterlaufen. Damit sind die nächsten Konflikte grundgelegt (siehe w.live-Band I, "Den Ton treffen", Regeln für die Konferenzleitung). Übergeht die Leitung die Klärung der unterschiedlichen Standpunkte, läßt sie in der Diskussion persönliche Angriffe und Bewertungen zu und verabschiedet sie Entscheidungen, ohne daß vorher Konsens erzielt wurde, so schlagen die entgegengesetzten Positionen, die erst einmal auf der Sachebene bestanden haben, meist auf die Beziehungsebene durch.

*Beziehungsebene*
Wird in der Klärungsphase deutlich, daß die Lähmung und Unzufriedenheit in der Gruppe auf Schwierigkeiten mit dem Verhalten der Leitung oder anderer in der Gruppe oder im Team zurückzuführen ist, weil sich einzelne bewertet fühlen, weil sie die Macht der Leitung infrage stellen, einige auf Rückzugstendenzen anderer reagieren etc., liegen Konflikte auf der Beziehungsebene vor. Diese Konflikte entstehen auch durch das Aufeinandertreffen unterschiedlicher Persönlichkeitstypen (siehe dazu Kapitel 2). Die Aufgabe der Leitung besteht dann darin zu klären, wer einen Konflikt anmelden will und wer mit wem etwas austragen oder klären muß.

1. Ist die Leitung angegriffen, kann sie mit der HAIFA-Regel das Gespräch leiten (s. Kapitel 9.3).

2. Will die Leitung selbst etwas mit einzelnen klären, muß sie in Ich-Aussagen ihre Schwierigkeiten formulieren und nach den Regeln vorgehen, die in Kapitel 9.2 beschrieben sind.

3. Haben Team- oder Gruppenmitglieder untereinander eine Störung zu klären, bittet die Leitung denjenigen, der die Störung, den Konflikt anmeldet, sein Anliegen in Ich-Aussagen vorzubringen und moderiert dann nach den Regeln, die im Kapitel 9.4 formuliert sind.

Die Erfahrungen zeigen, daß in der Machtkampfphase einige Mutige die Konflikte ansprechen und so die Gruppe in die Konfliktphase eintritt. Sie tun das umso eher, je mehr sie der Leitung zutraut und die Sicherheit hat, daß diese die Zügel in der Hand behält und die Konflikte fair klärt. Macht die Gruppe dann die Erfahrung, daß die angemeldeten Störungen gut aufgegriffen und geklärt werden, daß durch die Klärung keiner ausgegrenzt oder zum Sündenbock gemacht wird, dann trauen sich auch die eher Zurückhaltenden, ihre Schwierigkeiten zu benennen. Dann kommt es meist zu mehreren Konfliktanmeldungen, weil das Team, die Gruppe motiviert ist, "reinen Tisch zu machen". Die Leitung sollte die Konfliktphase nicht abbrechen. Die Konfliktbearbeitung wird immer leichter, je mehr Team- bzw. Gruppenmitglieder sich trauen, ihre Konflikte anzumelden. Sie kann dazu noch einmal eine Murmelrunde mit der Frage eröffnen, "Wie geht es mir?", "Was will ich noch klären?" Ist die Leitung jedoch ungeduldig, weil immer noch Störungen angemeldet werden und signalisiert sie dem Team, der Gruppe, daß ihr weitere Konflikte lästig sind, unterbricht sie die Konfliktphase und handelt sich damit ein, daß die Konflikte später wieder hochkommen und die Machtverteilung in der Gruppe ungeklärt bleibt.

Werden keine Konflikte mehr angemeldet, obwohl die Leitung genügend Raum gegeben hat und auch bereits Konfliktklärungen abgeschlossen sind, kann sie davon ausgehen, daß das Team, die Gruppe, durch die schwierigste Phase gegangen ist. Manchmal allerdings benennen in Kursgruppen am nächsten Tag noch Nachzügler ihre Störungen, die dann auch aufgegriffen werden müssen.

Ein Indiz für den Abschluß der Machtkampfphase ist die veränderte Stimmungslage in der Gruppe. Meist wird eine neue Gesprächsqualität deutlich, die Gruppe gewinnt ihre Lebendigkeit zurück, sie ist sachorientiert und an der Lösung der Arbeitsaufgaben interessiert. Oft ist auch eine humorige und witzige Ausgelassenheit nach Beendigung der Konfliktphase zu beobachten, in der sich die Beteiligten von der spannungsreichen Situation entlasten.

Hinsichtlich des Ablaufes des Gruppenprozesses schließt sich an die Konfliktphase die intensivste Arbeitsphase. Da die Beziehungen geklärt sind und die Machtverteilung neu geordnet ist, kann mit hohem Engagement und ganz an der Sache orientiert gearbeitet werden. Die Energien sind nicht mehr gebunden (s. Kap. 4.5).

Die Leitung sollte wissen, daß die Machtkämpfe bzw. die Konflikte nicht für immer geklärt sind, sondern daß in kleineren oder größeren Abständen wieder Situationen entstehen können, in denen neue Konflikte der Klärung bedürfen. Das ist aber erst dann der Fall, wenn die Gruppe bzw. das Team sich nach der Auflösungsphase in einen neuen Gruppenprozeß begibt. Man kann glücklicherweise davon ausgehen, daß die nächsten Konfliktphasen meist kürzer verlaufen und daß weniger hart gekämpft werden muß.

## 6.8   Konflikte, für die die Leitung nicht zuständig ist

Bisher wurden in diesem Abschnitt Konflikte beschrieben, die die Leitung durch Nicht-Leiten oder durch Leitungsfehler verursacht hat, bzw. Konflikte, die auf eine Veränderung der Machtverteilung hinzielen. Konflikte werden verdeckt oder offen auch deshalb angemeldet, weil einzelne sich beunruhigt fühlen, Erwartungen, die sie sich

selbst nicht erfüllen können, an das Team oder die Leitung weiter-
reichen oder mit den Engführungen des eigenen Charakters konfrontiert sind. Oft wird die Arbeit an der eigenen Person, die Realisierung
des nächsten Schrittes der eigenen Persönlichkeitsentwicklung, an andere delegiert:

**Beispiel: *„Leitung soll ahnen, was ich brauche"***
*In einem Seminar, das Fertigkeiten in der Formulierung von Pres-*
*setexten und Handzetteln vermitteln soll, stellt eine Teilnehmerin*
*in der Auswertungsrunde fest, daß die Referentin sich tagsüber zu*
*wenig um sie gekümmert habe. Auf Nachfrage, wie die Leitung den*
*Wunsch der Teilnehmerin hätte erkennen sollen, äußert diese die*
*Erwartung, die Referentin hätte das bemerken müssen. Dieses An-*
*sinnen kann und darf die Kursleitung nicht akzeptieren.*

**Beispiel: *„Ventilfunktion eines Konfliktes"***
*Frau J. hat ein Bildungshaus für eine Gruppe gebucht. Bei der Be-*
*grüßung wird sie von der Heimleitung mit den vorwurfsvollen*
*Worten begrüßt: "Ich will Ihnen gleich sagen, daß Sie das und das*
*und das ... hier nicht tun können." Frau J. ist ganz verdutzt über*
*die Aggressivität, die unter den Worten liegt. Sie ist sich keiner*
*"Schuld" bewußt, auch weil sie zum ersten Male in diesem Bil-*
*dungshaus tagt. Sie spürt Ärger, weil sie so unfreundlich empfan-*
*gen wird und möchte am liebsten zurückkontern. Eine kleine Atem-*
*pause und ein kurzes Innehalten mit der Frage an sie selbst, wel-*
*chen Anteil sie daran hat, daß sie so "angefahren" wird, ermög-*
*licht ihr Distanz zu dem Problem der Heimleiterin und sie ent-*
*schließt sich, nicht zu kontern, sondern zu verbalisieren: "Sie sind*
*ziemlich streng mit mir und verärgert." Diese Reaktion von Frau*
*J. schafft Luft und emöglicht der Heimleitung, ihren Ärger zu er-*
*klären. Die Heimleitung hatte nämlich mit einer Gruppe schlechte*
*Erfahrungen gemacht und will verhindern, daß das noch einmal*
*passiert. Es wird ihr bewußt, daß sie Frau J. als Ventil für ihren*
*Ärger benutzt hat und sie lenkt ein.*

Selbstverständlich bringen Kursteilnehmerinnen und Teammitglieder unverarbeitete Konflikte mit, die sich wie verkeilte Baumstämme in einem Fluß lösen, wenn die Strömung zunimmt. Der Strömung vergleichbar ist die Intensität des Gruppenprozesses. Die unbearbeiteten Konflikte, die in intensiven Phasen hervorbrechen, müssen nicht unbedingt in der Kindheit gesucht werden. Gruppenerfahrungen in der Schulklasse, in der Ausbildung, mit mehr oder weniger gelungenen gruppendynamischen Veranstaltungen, Erfahrungen mit Vorgesetzten, Ausbildern, Trainern können in das jetzige Kursgeschehen oder in die Arbeit im Team störend einfließen.

**Beispiel: „Sich aus Abhängigkeiten lösen"**
*Eine jüngere Mitarbeiterin kommt in das Team. Sie wird von einer um 15 Jahre älteren Kollegin eingeführt und beginnt, diese wegen ihrer Kompetenz und Kommunikationsfähigkeit zu schätzen. Nach etwa acht Monaten, schlägt das Verhältnis beider um. Was die jüngere Kollegin vorher als Ratschlag schätzte, wird jetzt als Einmischung erlebt. Ein langwieriger Distanzierungsprozeß beginnt. Offensichtlich hatte sich die jüngere Kollegin von der älteren abhängiger gemacht als sie wollte.*

**Beispiel: „Teilnehmer projiziert Vorerfahrung auf Trainerin"**
*In einem Training ist die Konfliktphase fast durchgearbeitet. Die Trainerin war selbst in Konflikte verwickelt und hatte Mühe, sich abzugrenzen. Ihr Vorgehen hat bei einem Teilnehmer Aggressionen ausgelöst, die dieser auch vehement zum Ausdruck bringt. Nicht aufgearbeitete Erfahrungen mit einem Ausbilder konnten im Anschluß in Ruhe besprochen werden.*

In all diesen Fällen, in denen frühere, unaufgearbeitete Erfahrungen in die jetzige Konfliktsituation einfließen, können Vorgesetzte wie auch KursleiterInnen den Ausbruch der Gefühle ruhig akzeptieren. Sie spüren an den eigenen Körperreaktionen, ob sie persönlich angegriffen und gemeint sind, oder ob unverarbeitete Erfahrungen sich Ausdruck verschaffen. Sie brauchen die Angriffe und Unterstellungen nicht abzublocken, weil die Aggressivität, sobald sie ausgedrückt ist, ihre Wucht verliert und eine ruhige Gesprächsatmosphäre entsteht. Schwierig wird es, wenn Vorgesetzte oder TrainerInnen mit Erwartungen konfrontiert werden, die sie nicht erfüllen können und oft auch nicht wollen.

*Beispiel: „Verunsicherung durch unterschiedliche Trainerstile"*
*In einem mehrtägigen Training kommt es in einer Untergruppe zu einer lustlosen Stimmung, die in einer Auswertungsrunde von der Trainerin angesprochen wird. Sie erklärt, daß sie die Ursache des Stimmungstiefs nicht kenne und macht deutlich, daß sie unter solchen Bedingungen nicht gut arbeiten könne. Eine gewisse Verärgerung der Trainerin wird spürbar. In der übernächsten Reflexionsrunde wird die Trainerin von einer Teilnehmerin heftig angegriffen. Ihr Vorwurf ist, daß man von einer Trainerin erwarten könne, daß sie solche Situationen aushalte und wenn sie verärgert sei, dies nicht zeigen dürfe. Sie müsse "über ihrem Ärger stehen". Als die Trainerin erklärt, daß ihre Gefühle eine wichtige Rückmeldung an die Gruppe darstellen könnten und es nicht ihr Leitungsstil sei, Gefühle zu verbergen, wird sie von der Teilnehmerin als nicht qualifiziert für ein solches Training erklärt. Der Leitungsstil der Trainerin, so stellte sich heraus, stand im direkten Gegensatz zum Idealbild, das die Teilnehmerin für sich gewählt hatte, nämlich daß die Leitung gefühlsmäßig völlig ausgeglichen über den emotionalen Bewegungen der Gruppe stehen müsse. Hier handelt es sich um einen Konflikt in der Gegenwart und nicht darum, daß die Teilnehmerin unverarbeitete Erfahrungen in die Konfliktphase hineingebracht hat. Obwohl es also ein gegenwärtiger Konflikt ist, ist die Trainerin nicht herausgefordert, ihren Leitungsstil zu ändern, nur weil eine Teilnehmerin für sich einen anderen Führungsstil als ideal gewählt hat. Die Trainerin muß sich diesem Konflikt nicht stellen, sie muß allenfalls ihr Konzept erklären.*

Auch wenn in den oben exemplarisch beschriebenen Beispielen die Leitung nicht in eine Konfliktklärung einsteigen muß, oft sogar nicht einsteigen darf, wird auch hier wieder deutlich, daß Teammitglieder oder KursteilnehmerInnen, die einen Konflikt anmelden, ernstzunehmen sind, weil es ihnen um ihre Identität, die Auseinandersetzung mit ihren Erfahrungen, die Klärung der eigenen Rolle geht.

## 6.9 Defizite und Fehlverhalten der Leitung aufgrund unbewältigter Konflikte

Im Kapitel 4.1 wurde beschrieben, daß der Gruppenprozeß in Teams und Kursen notwendig auf eine Konfliktphase und eine Neuverteilung der Machtverhältnisse hinausläuft. Diese ist für die Entwicklung eines Teams bzw. einer Gruppe notwendig. Die Leitung gerät in die Auseinandersetzung, denn als Person hat sie ihre Grenzen und Engführungen, mit denen sich die Team- und Gruppenmitglieder auseinandersetzen. Das passiert meist in der Kantine oder in Zweiergesprächen, wenn man sich gerade über den/die Vorgesetzte(n) oder die Kursgruppe unterhält. Unsere Beobachtung ist, daß Konflikte durch "zuviel" Leitung in vielen Fällen erst dann entstehen, wenn die Leitung nicht bereit ist, durch die Machtkampfphase zu gehen. Oft ist diese Verweigerung durch die Angst diktiert, die eigene Autorität zu verlieren, wenn man sich durch die Konfliktklärung auf die gleiche Ebene wie die Team- bzw. Kursmitglieder begibt. Natürlich werden Konflikte, vor allem wenn man ein Leitungsamt übernimmt oder wenn man beginnt, Kurse zu halten, als Infragestellung der eigenen Person erlebt und sie bewirken Angstgefühle, Enttäuschung, Wut oder Zorn. Es dauert einige Zeit, bis man Konflikte als so natürlich sehen kann wie Gewitter nach heißen Sommertagen. Im Kapitel 12 sind die Chancen für die eigene Persönlichkeitsentwicklung beschrieben, die sich mit der Durcharbeitung der Konflikte eröffnen. Wird die Konfliktphase jedoch nicht gemeinsam bewältigt, so entwickelt sich die Leitung nicht, sondern sie ändert ihr Verhalten und sucht eine auf die Fähigkeiten ihrer Person abgestimmte Strategie, um sich durchzusetzen.

*Beispiel: „Einsame Entscheidungen"*
*In einer Sozialeinrichtung wird Wert auf Kooperation gelegt. Es finden wöchentliche Besprechungen statt. Alle Fragen werden diskutiert, jeder kommt zu Wort. Als die Leitung den Vorschlag einbringt, einen neuen Arbeitsbereich aufzubauen, führt das zu langen Diskussionen, ohne daß sich das Team zu einigen vermag. Das Team will der Leitung zeigen, daß nicht allein ihre Initiativen die Einrichtung bestimmen, sondern daß auch aus dem Kreis der Teammitglieder neue Projekte und Ideen vorgeschlagen werden können. Da die Leitung diesen Ausdruck des Machtkampfes, in den das Team mit ihr eintreten will, nicht erkennt, bleibt der Konflikt unbearbeitet. Drei Monate später tut sich für die Leitung eine Quelle für Zuschüsse auf. Sie kann mit den Geldern zwar nicht den ursprünglichen Plan realisieren, stellt jedoch ohne Rücksprache mit dem Team Leute für einen neuen Arbeitsbereich ein. Es kommt zu heftigen Reaktionen einzelner Teammitglieder, die sich übergangen fühlen. Die Leitung läßt sich auf den Konflikt nicht ein. Sie bleibt bei der Praxis einsamer Beschlüsse. Danach bleiben einzelne Teammitglieder den Besprechungen öfter fern. Andere regeln ihre Angelegenheiten direkt mit der Leitung. Das Gefühl schwindet, mit engagierten KollegInnen zusammenzuarbeiten. Einzelne Arbeitsbereiche funktionieren gut, andere schlechter. Die Fluktuation wird größer.*

Die Ursache für diese Entwicklung liegt in der nicht bearbeiteten Machtkampfphase. Auf der einen Seite hatte die Leitung den Entscheidungsprozeß nicht zu einem Ende geführt. Das erweckte im Team den Eindruck, daß man etwas verhindern könne, wenn man nur lange genug diskutiert und die Pläne der Leitung unterläuft. Die Reaktion der Leitung, wichtige Entscheidungen ohne Rücksprache mit dem Team zu treffen, läßt den ursprünglichen Konflikt bestehen, konserviert ihn sogar. Soll Kooperation weiterhin realisiert werden, darf die Leitung dem Team die Entscheidung nicht ersparen. Sie muß die Konfliktphase zuende führen, d.h. die Entscheidung nicht aussetzen, sondern die Teammitglieder mit der Notwendigkeit der Weiterentwicklung der Institution konfrontieren.

**Beispiel: *„Gereizte Reaktionen"***
*In einem Vorstand, in dem der Vorsitzende keine alleinige Entscheidungsfunktion hat, gibt es Spannungen zwischen Vorwärtsdrängenden und solchen, die das Risiko genau abschätzen wollen, ehe sie einem Projekt die Zustimmung geben. Der Vorsitzende bringt Ideen und konkrete Projekte, die Fortbildungsangebote auszubauen. Ein Vorstandsmitglied entwickelt jedes Mal Risikoängste, die als Einwände und Nachfragen geäußert werden - ob das Programm schon ausgereift sei; ob die Referenten qualifiziert genug seien; ob das finanzielle Risiko nicht zu groß sei, wenn nicht genügend TeilnehmerInnen gewonnen werden könnten. Der Vorsitzende reagiert von Mal zu Mal nervöser und aggressiver auf die Einwände. Der Bedenkenträger erscheint einigen Vorstandsmitgliedern als der Schwächere und wird deshalb von diesen geschützt. Das steigert die Aggressivität des Vorsitzenden. Da niemand die Konfliktmoderation übernimmt, wird es immer schwerer, Vorschläge und Projekte zu diskutieren und abzuklären, ohne daß die Stimmung nicht sofort gereizt wird.*

**Beispiel: *„Bürokratisierung der Leitung"***
*Eine Abteilungsleiterin hat neuen Schwung gebracht. Regelmäßige Teambesprechungen, Brainstorming und andere Methoden der Ideenfindung haben zu Erfolgen geführt. In der Machtkampfphase beginnt eine Mitarbeiterin, die schon länger in dem Unternehmen tätig ist, mit der Leitung zu rivalisieren. Da sie über verzweigte Verbindungen im Haus verfügt, kann sie der Leiterin von außen Steine in den Weg legen. Diese übergeht jedoch die Störfaktoren und weicht einer direkten Konfrontation mit der Rivalin aus, da sie nicht sicher ist, ob sie mit der Unterstützung des nächsthöheren Vorgesetzten rechnen kann. Der Machtkampf schwelt weiter. Die Abteilungsleiterin sichert sich zunehmend dadurch ab, daß sie ihre Entscheidungen durch Zitieren betriebsinterner Vorschriften sowie*

*von Fachartikeln untermauert. Das Team erkennt schnell, daß der Verweis auf Geschriebenes nur als Schutzmechanismus fungiert und verhält sich gelangweilt. Darauf reduziert die Leiterin ihre Aktivitäten und übernimmt in ihrem Tennisclub die Aufgabe des Sportwarts.*

Es gibt Persönlichkeitstypen, die auf Spannungen mit Rückzug reagieren, sich für handlungsunfähig erklären und das Team, die Gruppe ihrem Prozeß überlassen. In 6.1 wurden die Folgen für ein Team aufgezeigt, wenn die Leitung überhaupt auf Leitung verzichtet. Dasselbe, was dort über Teams geschrieben wurde, kann auch in Kursen auftreten:

**Beispiel: „Rückzug und rivalisierende Gruppen"**
*In einem Wochenkurs bildet sich unter zwei Teilnehmern der Kampf um Meinungsführerschaft heraus. Der Konflikt wurde in der Weise ausgetragen, daß die eine Seite die andere als "bloßen Theorektiker" zu disqualifizieren versuchte, während diese dem Praktiker nachwies, daß dessen Vorstellungen längst überholt seien. Da die Kursleitung den Konflikt nicht aufgreift, sondern versucht, das Projekt "durchzuziehen", verschärft sich der Konflikt immer mehr, so daß die Leitung nur noch zusehen kann, wie die Konfliktpartner jeweils einen Teil der Kursgruppe hinter sich scharen, in den Pausen und abends mit ihren Anhängern zusammenstehen bzw. -sitzen und der Kursleitung zu verstehen geben, sie hätte zu der Theorie-Praxis-Diskussion sowieso nichts beizutragen.*

Einsame Entscheidungen, autoritäres Verhalten, gereizte Reaktionen, Bürokratisierung sowie sich bekämpfende Cliquen mit einer Leitung, die abgedankt hat, sind Folgen nicht bearbeiteter Konflikte und deuten auf eine Leitung hin, die die Konfliktphase mit ihrem Team bzw. ihrer Kursgruppe nicht durchgearbeitet hat.

Konflikte werden immer schwieriger lösbar, je länger man mit der Bearbeitung wartet. Die Gegensätze verhärten sich und die Verletzungen, die die Konfliktpartner sich zufügen, werden schmerzlicher. Damit Konflikte dann aufgegriffen werden, wenn sie noch handhabbar sind, weil die Verletzungen noch nicht so tief gegangen sind, sind im folgenden einige Hinweise sowohl für Teams wie für Kurse zusammengestellt.

## 6.10  Konfliktminimierende Leitung

Die Leitung hat eine gute Möglichkeit, den Prozeß in der Gruppe, auftauchende Schwierigkeiten, Unzufriedenheiten und Konflikte möglichst früh und aktuell zu erkennen, wenn sie regelmäßige Dienstbesprechungen führt, die mit einer Anhörrunde beginnen. In dieser Runde kann jedes Team- bzw. Gruppenmitglied von sich sagen, wie es ihm geht, wie es mit der Arbeit zurechtkommt und wie es die Kooperation mit den anderen erlebt. Wichtig ist, daß alle zu Wort kommen, ohne daß zwischendurch jemand unterbrochen, seinen Aussagen widersprochen wird oder jemand mit seiner Sicht der Dinge sich durchzusetzen versucht. Gleiches gilt für Auswertungsrunden in Kursen.

Diese Gesprächsmethode eröffnet den Raum für jeden, seine/ihre Situation und Sichtweisen zu benennen und setzt die Norm, daß die Leitung an der Klärung von Unzufriedenheiten interessiert ist. Dies gilt für die Sachbereiche wie für die Zusammenarbeit mit den anderen.

Tauchen in diesem Austausch Probleme auf der Sach- bzw. Kooperationsebene auf, so gilt die Regel, die Unzufriedenheiten, die zu zwischenmenschlichen Schwierigkeiten benannt werden, zuerst aufzugreifen. Die Sachprobleme können dann in die Tagesordnungspunkte der Dienstbesprechung bzw. in die offenen Fragen, die im Kurs noch besprochen werden, aufgenommen werden.

Diese Vorgehensweise ermöglicht einem Arbeitsteam, einer Gruppe, eine Gesprächskultur aufzubauen, in der Schwierigkeiten bewältigt werden können. Es entwickelt sich größere Akzeptanz und die Angst vor der Bearbeitung von Konflikten wird abgebaut. Die Leitung kann sich als Moderator/in verstehen, die nur noch aufgreifen muß, was es zu klären gilt und die dafür sorgt, daß die Gesprächsregeln eingehalten werden (s. 9.1 - 9.4).

In Kursen bewährt es sich, nach jedem Kurstag bzw. Seminarabschnitt ein "Blitzlicht" anzusetzen, in dem jeder seine augenblickliche Befindlichkeit mitteilen kann und die Möglichkeit hat, Lernschwierigkeiten bzw. Konflikte mit der Leitung oder KursteilnehmerInnen zu benennen. Ist die Blitzlichtrunde abgeschlossen, werden die Probleme nacheinander bearbeitet. Auch hier ist wichtig, daß erst die Runde zuende geführt wird und jeder zu Wort gekommen ist, ehe eine einzelne Frage, eine Konfliktanmeldung oder ein Problem besprochen werden.

# 7. Grundsätzliches zu Konflikten

## 7.1 Konflikt, Instinkt und Ritual

Im Unterschied zum Tier ist die menschliche Aggressionsbereitschaft nicht durch Instinkte begrenzt und kanalisiert. Phänomene wie Massaker und Kriege legen den Gedanken nahe, diese Aussage der Wissenschaft nicht zu bezweifeln. Der Ansatz der Wissenschaft scheint allerdings zu versprechen, bei genauer Analyse des Aggressionstriebes die menschliche Gewaltbereitschaft heilen zu können; ähnlich wie die Medizin in der Lage war, Pocken und Pest wirksam zu bekämpfen oder gar auszurotten. Das erscheint jedoch ohne Eingriffe in die persönliche Identität und die Freiheitsrechte des einzelnen nicht möglich. Derartige Eingriffe hätten zur Folge, daß die Individuen die Aggressionen gegen sich selbst wenden. Krankheiten, Alkoholismus und die Selbstmordrate würden noch mehr zunehmen.

Mit einer Heilung des Aggressionstriebes wäre zudem noch nicht das Konfliktpotential ausgeräumt. Das Zusammenleben ist durch die zeitliche Verfaßtheit der menschlichen Existenz einem ständigen Veränderungsdruck ausgesetzt. Die immer neue Abstimmung der Zielvorstellungen ist notwendig. Damit ergeben sich immer wieder Konfliktkonstellationen. Man müßte den Menschen aus dieser zeitlichen, Geschichte produzierenden Verfaßtheit herauslösen, um das Konfliktpotential auf Null zurückzuführen. Das würde letztlich die Befreiung von der Freiheit bedeuten, denn Freiheit setzt Zeitlichkeit voraus, es sei denn, sie hätte den Status endgültiger Entschiedenheit gewonnen.

Weil der Mensch nur begrenzte Möglichkeiten hat und weil er mit anderen zusammenlebt, stößt er an Grenzen. Auch die Möglichkeiten der Menschheit insgesamt sind nicht grenzenlos. Deshalb müssen sich die Menschen in diesen Grenzen einrichten, sich aufeinander abstimmen und folglich ständig Konflikte lösen. Weil die einzelnen ihre Ziele verfolgen, kommen Energien ins Spiel. In jedem Konflikt steckt deshalb ein Energiepotential. Werden diese Energien zur Verletzung und Unterdrückung anderer eingesetzt, sprechen wir von Aggressionen. Der Zusammenhang von Konflikt und Aggression ist also durch den Energiebegriff zu verstehen. Indem in Konfliktsituationen Energien einfließen, gewinnt der Konflikt an Dynamik, ohne die auch keine Lösung des Konflikts zu erwarten wäre. Ohne Energie würde der Konflikt einfach bestehen bleiben. Lähmungen sind meist ein Indiz für Konfliktunterdrückung, da ungelöste Konflikte Energien binden. Deshalb setzen bearbeitete Konflikte produktive Energien zur Lösung von Aufgaben frei. Wie kann aber die Energie gezähmt werden, die notwendig mit Konflikten entsteht?

Menschen haben die Möglichkeit, den Ausfall der Instinktsteuerung durch kulturell geschaffene Rituale zu ersetzen. Zu dieser Lösung waren menschliche Verbände, Stämme und Völker von Anfang an gezwungen. Der Ethnologe René Girard weist auf einen einfachen Zusammenhang hin: Wenn die bewaffneten Krieger eines Stammes die Waffen, die zur Verteidigung gegen Raubtiere und äußere Feinde getragen werden, plötzlich gegeneinander wenden, wird sich die Gewalt wie ein Buschbrand ausbreiten. Das erleben wir heute in den Bürgerkriegen. Ein kleiner Streit kann bereits diesen Brand auslösen, nämlich dann, wenn zwei Stammesmitglieder plötzlich die Waffen gegeneinander richten. Dann werden andere in der Regel in die Auseinandersetzung hineingezogen. Die menschlichen Gemeinschaften waren immer schon von innen her durch Gewalt bedroht. Diese Gewalt, so René Girard, wurde durch Rituale gebändigt. Dies ist nicht zuletzt die Bedeutung des Opferkultes.[4] Im Kult wird die Opferung des Sündenbockes rituell wiederholt. Das hat nach Girard die Funktion, daß die Aggressionen, die in dem Stamm, in dem Gemeinwesen immer wieder entstehen, auf eine Person außerhalb des Stammes gelenkt werden.

Der Sündenbock wird nämlich ausgestoßen und nimmt die aufgelaufenen Aggressionen mit. Ein realer Sündenbock muß gefunden werden, wenn die Gegensätze und internen Konflikte durch kultische Riten nicht mehr überbrückbar scheinen.

---

4   René Girard, Das Heilige und die Gewalt, Einsiedeln 1987

Girard erklärt den Ödipus-Mythos so: In Theben kommt das öffentliche Leben zum Erliegen. Man muß einen Sündenbock finden. Indem Ödipus als Vatermörder und Mutterschänder hingestellt wird, wird er zu einem, der die schlimmsten Verbrechen begangen hat und deshalb ausgestoßen bzw. getötet werden kann. Indem ihm diese Verbrechen unterstellt werden, nimmt er die Schuldgefühle der anderen mit. Ähnlich sind die Juden-Pogrome zu erklären wie auch der lang im voraus geplante Mord an Hunderttausenden von Tutzis in Ruanda, aber auch Kriege, die wegen interner Spannungen innerhalb einer Nation zur Ablenkung der Aggressionen auf einen äußeren Feind geführt werden.

Die Auswahl eines Sündenbockes ist nicht notwendig, solange der Ritus funktioniert. Dieser muß bis in die letzte Regel eingehalten werden. Die Zeit und der Ablauf der rituellen Opferfeier müssen exakt beachtet werden, damit der Abbau der Aggressionen, die Übertragung der Schuld im Opfer funktionieren. Girard sieht einen direkten inneren Zusammenhang zwischen Gewalt und Kult. Die Privatisierung der Religion und der öffentliche Bedeutungsverlust religiöser Feste in der Neuzeit haben möglicherweise der Gewalt einen größeren Spielraum

gegeben. Die Utopie eines konflikt- und gewaltfreien Zusammenlebens erscheint unter diesem Blickwinkel als besonders gefährlich.
In den modernen Staaten wurde die Austragung von Konflikten durch die Institution der Fehde seit dem 12. Jahrhundert schrittweise eingedämmt. Zuerst gab es Tage, an denen die Fehde nicht ausgetragen werden durfte - so der Sonntag und der Freitag als Tag des Todes Jesu. Mit der Entwicklung des Nationalstaates beanspruchte der Staat zunehmend das Gewaltmonopol. Allerdings nicht vollständig, denn noch bis in unser Jahrhundert gab es das sogenannte Duell, das in Frankreich bereits durch Richelieu im 17. Jahrhundert verboten worden war.

Opferkult, Fehde und schließlich das staatliche Gewaltmonopol sind kulturelle Formen des Umgangs mit den Aggressionsenergien von Konflikten, deren Funktionsfähigkeit allerdings infragesteht. Nimmt das Konfliktpotential zu, so reichen die staatlichen Riten nicht mehr aus, die Gewalt zu bändigen. Gelingt es politischen Kräften, die staatlichen Instrumente der Gewaltausübung, also vor allem die der Polizei, zur Durchsetzung ihres politischen Machtanspruches einzusetzen, wird die Gewalt potenziert. Die modernen Staaten sind immer dieser inneren Gefahr ausgesetzt, nämlich daß die demokratischen Spielregeln und der Rechtsschutz, den Verfassung und Gesetze gewähren, durch die Träger staatlicher Gewalt selbst außer Kraft gesetzt werden.
Die Aufarbeitung der Konfliktenergien bleibt eine ständige Aufgabe, angefangen von der Zweierbeziehung, über das Verhältnis von Eltern und Kindern, bis zu Gruppen, Betrieben und Verbänden. Wenn ein Ritus dafür bereitsteht, entlastet das in doppelter Hinsicht:

1. Es wird in der Gruppierung vorausgesetzt, daß es Konflikte gibt. Der einzelne muß nicht erst gegen eine Wand des Nicht-Sehen-Wollens ankämpfen.
2. Für die Konfliktbearbeitung sind Verfahren bereits eingeführt, so daß die Auseinandersetzung kanalisiert werden kann.

Solche Riten sind z.B. Streiks. Hier sind bestimmte Stufen der Auseinandersetzung vereinbart und zugleich die "Waffen" begrenzt.

Wahlkämpfe können auch als Rituale gesehen werden, in denen aggressive Energien zum Tragen kommen.

In Betrieben, Verbänden wie auch Familien sind Rituale selten vereinbart. Das unterstützt diejenigen, die Konflikten erst einmal aus dem Wege gehen. Weicht die Leitung ebenfalls Konflikten aus, führt das zur Lähmung bzw. zu sich bekämpfenden Parteien und Cliquen.

In unserer Kurspraxis haben wir deshalb folgendes Ritual eingeführt:
- In der Eingangsphase wird die Regel vereinbart: "Alle Konflikte auf den Tisch".
- In Blitzlichtrunden am Morgen und am Abend hat jeder die Möglichkeit, eine Konfliktklärung anzumelden.
- Für die Konfliktklärung gilt, daß der, der einen Konflikt anmeldet, sagen muß, mit wem er etwas klären will. Statements derart: "Ich habe das Gefühl, daß in der Gruppe ein Konflikt besteht", werden mit der Rückfrage beantwortet: "Mit wem möchten Sie etwas klären?".
- Für das Konfliktgespräch gilt die Regel "Ich-Aussagen" (Kap. 9).

Rituale wie Streiks, Wahlen oder Konfliktgespräche funktionieren nur solange, wie die Konfliktpartner bereit sind, sich an die Regeln zu halten. Im Falle eines autoritären Regimes besteht dieser Wille nicht. In Teams, Gruppen und Familien ist Konfliktbearbeitung abhängig davon, daß einzelne akzeptieren, daß sie an Konflikten beteiligt sind und daß andere sich an ihrem Verhalten reiben. Solange die Fiktion aufrecht gehalten wird, daß "in meinem Team", "in meinem Kurs" keine Konflikte vorkommen bzw. nicht nötig sind, kann sich das Gift der unterdrückten Konfliktenergien ausbreiten und das Team, die Kursgruppe explosionsartig sprengen oder die einzelnen kündigen bzw. bleiben bei Kursen einfach weg.
Versucht eine politische Richtung, den idealen Staat zu errichten, versuchen Eltern oder Vorgesetzte, das Zusammenleben völlig reibungslos zu organisieren, oder wollen Kursleiter die perfekte Harmonie herstellen, so scheitern sie an der Begrenztheit des menschlichen Zu-

sammenlebens sowie an dem durch die Zeit erzeugten Veränderungs-druck. Die Begrenztheit zu akzeptieren, die durch die zeitliche Ver-faßtheit der Menschen aufgezwungen ist und die es verunmög-licht, eine endgültige Harmonie menschlicher Beziehungen herzustel-len, ist eine religiöse Frage, wie Hermann Lübbe in "Religion nach der Aufklärung" gezeigt hat. Allerdings ist auch Religiosität kein Garant für friedfertige Konfliktbearbeitung. Nicht nur werden religiöse Einstellungen oft politisch mißbraucht, die Religiosität ist darüber hinaus selbst ambivalent und kann extremistisch praktiziert werden. Auch religiöse Vorstellungen sind nicht davor gefeit, zur Rechtferti-gung von Gewalt gebraucht zu werden. Auf der anderen Seite ist praktizierte Religiosität immer noch Garant dafür, die Endlichkeit menschlicher Existenz und damit die Unausweichlichkeit von Kon-flikten auszuhalten. Vor allem stellt Religion den politischen Totalan-spruch autoritärer Staaten infrage.

## 7.2 Konfliktlösung durch Gewalt

Die zunehmenden Gewalthandlungen in hochindustrialisierten Ge-sellschaften sind ein Phänomen, mit dem erst einmal niemand gerechnet hatte. Ein höheres Volkseinkommen, mehr Konsum und größere Freizügigkeit wirken wider Erwarten nicht konfliktminimier-end. Moderne Gesellschaften scheinen von innen her gefährdet. Dafür werden verschiedene Faktoren genannt, die die Gewaltbereitschaft zu erhöhen scheinen:

- Die Schwierigkeit, eine persönliche Identität zu entwickeln, resul-tiert aus der Vielzahl der weltanschaulichen und lifestyle-Ange-bote. Der einzelne ist einem ständigen Entscheidungsdruck ausge-setzt. Vor allem Jugendliche reagieren darauf vermehrt mit Ag-gressivität, vor allem wenn sie keine Zukunftsperspektive entwick-eln können und sich von den Möglichkeiten des Konsums ausge-schlossen fühlen.

117

- Die Dienstleistungsgesellschaft optimiert das Funktionieren der Abläufe und wird damit immer kühler erlebt.
- Die schnellen Veränderungen,. die durch neue Technologien und gesellschaftlichen Wandel erzwungen werden, erlebt der einzelne häufig als Druck und nicht als größeren Freiheitsraum.
- Die Konkurrenz, der sich der einzelne in einer Leistungsgesellschaft ausgesetzt sieht, bezieht sich nicht nur auf den beruflichen Bereich, sondern auch darauf, wie der einzelne das Erlebnispotential der Freizeitangebote auszuschöpfen vermag. Damit reduziert sich auch in der Freizeit die Dimension des einfühlsamen und zweckfreien Umgangs miteinander, weil der andere mehr unter der Rücksicht gesehen wird, wie er/sie den Erlebniswert meiner Freizeitaktivitäten erhöhen kann.
- Die Leistungsgesellschaft produziert nicht nur Gewinner, sondern noch mehr Verlierer. Die Kräfte, die für Ausgleich sorgen, für ein Zusammenleben, das nicht durch Konkurrenzdruck bestimmt ist, sowie konfliktabbauende Lebenstechniken, werden immer weniger gepflegt und entwickelt [5].

All das führt erst einmal zu Zeitdruck und Streß, noch nicht direkt zu Gewalt. Das Gefühl, auf der Verliererseite zu stehen, bei der Verteilung der Chancen zu kurz zu kommen, kann Ursache für Aggressivität sein. Weiter ist in vielen Kulturen Gewaltausübung ein Muster, die männliche Identität auszubilden. Dieses Muster scheint wieder ver-

---

[5] Literaturhinweise zur gesellschaftlichen Analyse
Claudia Szczesny-Friedmann, Die kühle Gesellschaft, München 1991
G. Schulze, Die Erlebnisgesellschaft, Kultursoziologie der Gegenwart, Frankfurt/M 1992
W. Opaschowski, Freizeitökonomie. Marketing von Erlebniswelten, Opladen 1993
M. Horx, Das Wörterbuch der neunziger Jahre. Ein Gesellschaftspanorama, Hamburg 1991
U. Beck, Risikogesellschaft. Auf dem Weg in eine andere Moderne, Frankfurt/M 1986
E. Bieger/W. Fischer/R. Jacobi/ P. Kottlorz, Zeitgeistlich. Religion und Fernsehen in den neunziger Jahren, Köln 1993

stärkt gelebt zu werden. Es gibt darüberhinaus einen entscheidenden Faktor, der Gewalt zähmt bzw. freisetzt, nämlich die soziale Akzeptanz von Gewaltausübung. Wenn das Umfeld, z.B. die Clique wie aber auch die staatliche Macht, Gewaltausübung gegen bestimmte Personengruppen fordert bzw. billigt, wird Gewaltanwendung gegenüber Ausländern oder Homosexuellen, gegenüber Moslems in serbischen Dörfer oder gegen Juden im Dritten Reich möglich. Schon in den sechziger Jahren hat Berkowitz in Laborexperimenten gezeigt, daß die Billigung von Gewalt die Aggressivität steigert.[6] Maßzahl für die Aggression war die Stärke von Stromstößen, die Versuchspersonen (vermeintlich) anderen zufügen konnten. Es wurden Filme mit einer Boxszene gezeigt. Einmal wurde die Boxszene nur unkommentiert hingestellt, für eine andere Versuchsgruppe aber so eingeführt, daß der Unterlegene die Strafe für eine Gemeinheit erhielt. Wer die letzte Version gesehen hatte, gab längere und stärkere Stromstöße an Personen, die eine Sache lernen sollten und für Fehler durch (vermeintliche) Stromstöße bestraft bzw. zu intensiverem Lernen motiviert werden sollten.

Seit diesen Untersuchungen gibt es keine neueren Erkenntnisse, die eine Entwarnung in der Problematik menschlicher Aggressivität rechtfertigen würden. Da der Mensch nicht konfliktfrei leben kann, besteht immer die Gefahr, daß Konfliktenergien in Gewaltanwendung umschlagen. Deshalb ist die Bearbeitung der Konflikte ein gewaltmindernder Prozeß, der auch deshalb Gewalt bindet, weil nach der Machtkampfphase eine Rechtsordnung nicht nur vereinbart wird, sondern bei allen Beteiligten die Motivation besteht, diese Rechtsordnung auch zu achten bzw. gegenüber Rechtsverletzern einzuklagen. Das gilt nicht nur für politische Gebilde, sondern auch für Kursgruppen, für Freizeitclubs und Teams, sofern diese demokratisch geleitet werden (s. Kap. 4).

---

6   L. Berkowitz/R. Corvin/M. Hieronimos, Film Violence and Subsequent Aggressive Tendencies; in: Public Opienion Quarterly, 27/1963, S. 217-299. G. Geen,/L. Berkowitz, Some Conditions Facilitating the Occurence of Aggression after the Observation of Violence; in: Journal of Personality, 1967b, 35, S. 666-676

So bedrohlich Konflikte sind, vor allem wenn ihr Energiepotential in Gewalt umschlägt, so befreiend sind sie auch. Der Mut, Konflikte anzugehen, erweitert die Freiheitsdimension sowohl der Team- und Gruppenmitglieder wie auch der Leitung.

## 7.3 Konflikt und Leitung

Im Rahmen unserer Kurserfahrungen und bei Teambegleitungen wird immer wieder deutlich, daß liegengebliebene Konflikte und die Angst vor Konflikten den Spielraum erheblich einengen. Kaum ein Motiv wirkt sich hinderlicher aus als Konfliktvermeidung. Auch leiden viele an unbearbeiteten Konflikten und den Verletzungen, die ihnen zugefügt wurden.

Mit der Konfliktbearbeitung erarbeiten sich einzelne und Teams grössere Freiheitsspielräume. Natürlich sichert Konfliktbearbeitung nicht absolute Freiheit, sie erweitert nur den Raum, in dem Leitung ausgeübt wird und in dem ein Team Aufgaben angehen kann.

Freiheit wird auch durch die Anerkennung der Grenzen gewonnen. Das erklärt sich so: In der Konfliktphase geht es sowohl um meinen Platz in der Gruppe wie auch um die Auseinandersetzung mit den Engführungen in den Charakteren anderer. Bezogen auf den Gruppenprozeß zeigt sich das so: In der Orientierungs- und der Strukturierungsphase orientiert der einzelne sich an den positiven Seiten der anderen und entwickelt Sympathien. Je mehr er jedoch die einzelnen kennenlernt, begegnet er den Engführungen im Charakter der anderen, die ja nichts anderes als die Schattenseiten der Stärken sind. In der emotionalen Auseinandersetzung wird der Konfliktpartner dazu gezwungen, zu diesen Schattenseiten zu stehen und zu akzeptieren, daß andere sich beeinträchtigt, genervt, verärgert, enttäuscht fühlen. Indem der Angegriffene zu seinen Schwächen steht und sie nicht länger überspielt bzw. abstreitet, werden sie auch für die anderen Teammitglieder bzw. KursteilnehmerInnen erträglich. Der größere Freiheitsspielraum entsteht also nicht dadurch, daß jemand seine Schwächen ablegen könnte, sondern daß der Umgang mit den Engführungen und Schattenseiten der Charaktere verbessert wird. Damit verlieren, so paradox es klingt, die Engführungen ihren einengenden und lähmenden Einfluß.

# 8. Allgemeine Regeln für die Konfliktbearbeitung

Konflikte in Teams, Gruppen, Familien und zwischen Freunden können bearbeitet werden, wenn die Konfliktpartner die Regeln für die Konfliktbearbeitung einhalten, oder wenn es eine neutrale Person gibt, die den Konflikt moderieren kann und die grundsätzlichen Bedingungen erfüllt werden, die zur Bearbeitung von Konflikten notwendig sind.

## 8.1 Was kann die Konfliktbearbeitung leisten?

In Konfliktsituationen geht es fast immer darum, daß bestimmte Verhaltensweisen anderer Personen das Selbstwertgefühl, den eigenen Platz, das Machtbedürfnis, bestimmte Werthaltungen etc. in Frage stellen. Diese Infragestellung führt zu persönlichen Verunsicherungen und Ängsten, die unterschiedliche Wünsche nach Sicherheit, Orientierung, Gerechtigkeit, Vergeltung, Zerstörung, Frieden, Recht und Ordnung hervorrufen.

In der Konfliktbearbeitung geht es darum, diese Bedürfnisse und Gefühle im Miteinander auszusprechen, Orientierung zu gewinnen und eine offene Kommunikation zu ermöglichen. Für die Konfliktbearbeitung ist es deshalb notwendig, daß die am Konflikt beteiligten Personen den Konflikt bearbeiten, den unbefriedigenden Zustand beenden wollen und bereit sind, auch eigene Anteile an der Konfliktsituation zu erkennen.

Konflikte machen sich zuerst durch eine angespannte Stimmung bemerkbar. Die Gefühle von Ärger, Enttäuschung, Verletzung und Ablehnung können nur schwer unter Kontrolle gehalten werden und brechen oft unkontrolliert aus. Es geht u.a. darum, sich gefühlsmäßig zu entlasten, oft auch mit dem Ziel, die/den andere/n aus der Reserve zu locken und sich so vom eigenen Überdruck zu befreien.

Neue Verletzungen zu verhindern ist die erste Aufgabe, die die Leitung in der Konfliktbearbeitung übernehmen muß, damit ein Konfliktgespäch nicht zu einem unfruchtbaren Streit ausartet.

Im weiteren Verlauf des Konfliktgespräches geht es darum, daß der/die KonfliktpartnerIn verstehen kann, wie der/die andere eine bestimmte Verhaltensweise seiner/ihrer Person erlebt, welche Gefühle ausgelöst werden und wodurch sich der Konfliktträger beeinträchtigt fühlt. Verstehen heißt noch nicht, daß der Konfliktträger im Recht ist, sondern daß der Konfliktpartner akzeptieren kann, wie anders der/die andere fühlt, wahrnimmt und erlebt. Verstehen können bedeutet, die Verschiedenheit, Andersartigkeit des anderen anzuerkennen. Die Konfliktbearbeitung zielt auf das gegenseitige Verstehen und darauf, daß jeder für seine besondere Art und besondere Sicht der Dinge eine Berechtigung hat, und daß es nicht darauf ankommt, daß eine/r sich durchsetzt und der/die andere unterliegt. Auch bedeutet die Konfliktbearbeitung nicht, daß vormals verfeindete Menschen nach der Konfliktbearbeitung "ein Herz und eine Seele" sein müssen, sondern daß die Möglichkeit besteht, nebeneinander bzw. miteinander ohne Verlust von Energien arbeiten, leben und sein zu können.

Die Konfliktbearbeitung leistet zunächst das gegenseitige Verstehen und damit den ersten Schritt zur Verständigung. In den nächsten Schritten geht es in der Konfliktbearbeitung darum, die Anteile jedes einzelnen an diesem Konflikt herauszuarbeiten und für die Konfliktpartner transparent zu machen. Die Konfliktbearbeitung ermöglicht auf diese Weise oftmals neue Einsichten für die Konfliktbeteiligten in eigene blinde Flecken, in die Art und Weise der Wirkung auf andere.

Der letzte Schritt der Konfliktbearbeitung besteht in der Vereinbarung. Hier geht es darum, für die ständig wiederkehrenden Konfliktverstrickungen Lösungsmöglichkeiten zu entwickeln, den eingefahrenen Mustern zu entkommen. Dies kann dazu ermutigen, neue Wege auszuprobieren. Dieser Schritt in der Konfliktbearbeitung sichert, daß zwischen den Beteiligten eine konstruktive Basis geschaffen werden kann, in der wertvolle Energien nicht durch gegenseitiges Blockieren aufgerieben werden.

Die Konfliktbearbeitung leistet nur soviel, wie die Konfliktpartner bereit sind, selbst leisten zu wollen. Sie bestimmen die Offenheit und Ehrlichkeit und den Grad der Nähe, den sie wünschen. Oft sind Situationen schon so verhärtet, weil viele alte Störungen darunter liegen, daß mehrere Gespräche notwendig werden, um ein offenes Miteinander wieder zu ermöglichen. Die Konfliktklärung bearbeitet den aktuellen unbefriedigenden Zustand, arbeitet die jeweiligen Anteile der Partner am Konflikt heraus und führt in der Regel zu neuen gegenseitigen Vereinbarungen und zu einem offeneren und ehrlicheren Umgang mit sich selbst und dem anderen. Die getroffenen Vereinbarungen bedürfen im weiteren Miteinander der Kontrolle, weil Verhaltensweisen nicht ohne weiteres abgelegt werden können. Das bedeutet für die Konfliktpartner, daß sie wachsam sind und reagieren lernen, wenn alte Verhaltensmuster wieder Platz greifen. Langfristig bietet die gelungene Konfliktbearbeitung die Chance, daß persönliche Entwicklung möglich wird, daß die Angst vor der Äußerung eigener Unzufriedenheiten und Störungen abnimmt, daß selbstverständlicher, selbstbewußter und sensibler mit den eigenen Gefühlen und denen der anderen umgegangen werden kann. Die Konfliktbearbeitung leistet nicht den ungestörten Frieden auf alle Zeit. Da Konflikte im Alltag immer wieder neu auftauchen, sind auch immer wieder neue Bearbeitungen erforderlich. Zu beobachten ist jedoch, daß eine gelungene Konfliktbearbeitung Energien freisetzt, hohe Arbeitsmotivation ermöglicht und ein gutes Lebensgefühl bei den Beteiligten hinterläßt. Die Erfahrung, daß Konflikte angesprochen werden können, daß der Konfliktpartner sich der Auseinandersetzung stellt und gemeinsam nach Lösungswegen gesucht wird, verbindet und schafft eine konstruktive Spannung im Miteinander. Jetzt erst wird es richtig interessant mit dem anderen.

## 8.2 Voraussetzungen für die Bearbeitung von Konflikten

Damit Konflikte bearbeitet werden können, bedarf es der Zustimmung der beteiligten Personen. Das ist eine Grundvoraussetzung, ohne die jede Bearbeitung hinfällig ist. Hinzu kommt, daß es zwischen den Konfliktpartnern eine Perspektive geben muß, ein gemeinsames Ziel im Blick ist, für das sich die persönliche Investition, den Konflikt zu bearbeiten, lohnt.

*Beispiel: „Konfliktpartner hat schon innerlich gekündigt"*
*In einem sechsköpfigen Arbeitsteam liegt ein Konflikt zwischen zwei Personen, die ein gemeinsames Arbeitsgebiet betreuen. Es geht um die Art und Weise, wie jeder der beiden arbeitet und um die Schwierigkeit, mit dem jeweiligen Arbeitsstil des anderen klar zu kommen. Dieser Konflikt liegt schon ein halbes Jahr vor und ist noch nie ausgesprochen worden. Jeder fühlt ihn irgendwie, es ist aber noch nicht deutlich, was die wirklichen Schwierigkeiten sind. Der Konflikt verbreitet jedoch im ganzen Team eine giftige Stimmung. In einer Teamtagung wird dieser Konflikt von einem der Konfliktpartner angesprochen, der Konfliktbeteiligte verweigert jedoch die Bearbeitung. Es stellt sich nach einiger Zeit im Gespräch heraus, daß diese Person längst innerlich gekündigt hat, auf der Suche nach einer neuen Arbeitsstelle ist und schon ganz konkrete Angebote in Aussicht hat.*

Dieses Beispiel macht deutlich, daß die Konfliktperson die Mühe und Arbeit einer Konfliktbearbeitung nicht mehr auf sich nehmen will, weil sie schon entschieden hat, aus dem Team auszuscheiden. Es gibt keine gemeinsame Perspektive, die die Motivation für die Konfliktbearbeitung erbringen würde.
Es ist kein Einzelfall: Lieber weggehen und sich entziehen. Das ist in unserer Kultur gängiger als dazubleiben und die Konflikte durchzustehen. Allerdings gibt es ein geflügeltes Wort: "Ich nehme mich auch immer selbst mit". Das bedeutet, daß jeder nicht geklärte Konflikt

mitgenommen und sich wahrscheinlich in ähnlicher Weise oder in Variationen im neuen Tätigkeitsbereich und in der neuen Beziehungsstruktur wiederholen wird. Die Chance, diesen Konflikt zu bearbeiten, wurde von dem Konfliktpartner nicht wahrgenommen.

Auch der zurückgebliebene Konfliktpartner bleibt auf seinem Anteil am Konflikt sitzen. Er wird mit einem nicht gelösten Problem zurückgelassen, das ihn wahrscheinlich auch wieder einholen wird, wenn er es nicht mit den anderen Kollegen bearbeiten kann.

Unsere Beobachtungen zeigen, daß Konflikbearbeitungen nur eine Chance haben, wenn es ein Ziel gibt, für das sich die Konfliktbearbeitung lohnt und wenn die Konfliktpartner willens sind, die Mühe und Anstrengung einer Konfliktbearbeitung auf sich zu nehmen.

## 8.3 Die Sache im Konflikt sind die Gefühle

**Gefühle und deren Ursachen ansprechen, statt Sachebene artikulieren**

Die Erfahrungen zeigen, daß sich die Aggressionen im Konfliktgespräch verstärken und verhärten, wenn die Moderation den Schutz zwischen den Kontrahenten nicht sichert und Regelverletzungen zuläßt. Das erfordert von den Gesprächspartnern und von der Moderation hohe Aufmerksamkeit. In den ersten Phasen des Konfliktgespräches, in denen die Emotionen noch massiv vorhanden sind, ist es notwendig, daß sich die Leitung zwischen jeden Beitrag schaltet, mit eigenen Worten das Gehörte, die Gefühle und deren Ursache neutral und ohne Bewertung verbalisiert und beim Konfliktpartner das Verständnis für diese Gefühle anfragt. Jedes Ausweichen des Konfliktpartners in eine Rechtfertigung oder in einen neuen Angriff muß die Leitung unterbinden und oft hartnäckig das Verstehen beim Konfliktpartner einfordern. Erst dann kann der Konfliktpartner auch seine Gefühle in Ich-Aussagen formulieren.

*Beispiel:*

*Andreas: Wir waren um 12.00 Uhr verabredet und Du kommst eine halbe Stunde später. Ich finde das unverschämt, mich solange warten zu lassen.*

*Leitung: Sie sind ärgerlich darüber, daß Sie warten mußten. Können Sie Monika sagen, weshalb Sie das so ärgerlich macht, damit sie Ihren Zorn verstehen kann?*

*Andreas: Ich fühle mich nicht ernst genommen, versetzt und mag es nicht daß sie über meine Zeit verfügt.*

*Leitung zu Monika: Können Sie verstehen, daß Ihr Zuspätkommen bei Andreas deshalb Ärger ausgelöst hat, weil er sich von Ihnen mißachtet fühlt und den Eindruck hat, daß Sie willkürlich über seine Zeit bestimme?*

*Monika: Ich habe den Zug verpaßt... (Leitung unterbricht, weil eine Erklärung geäußert wird, und fordert erst Verstehen ein)*

*Leitung: Können Sie seine Gefühle verstehen?*

*Monika: Nicht ganz, ich finde er sollte sich nicht so anstellen, das kann jedem mal passieren.*

*Leitung: Für Sie sind seine Gefühle noch unverständlich, was ist so schwer zu verstehen?*

*etc.*

## 8.4 Ich-Aussagen statt Du-Aussagen

Ich-Aussagen ermöglichen, die eigene Betroffenheit und die persönliche Verletzung zu benennen. In Du-Aussagen sind fast immer Angriffe und Bewertungen enthalten, die nicht zur Entspannung im Konflikt beitragen. Die Moderation ist gefordert, die Konfliktpartner darauf aufmerksam zu machen, mit Ich- Aussagen das eigene Anliegen zu formulieren. Wichtig ist, daß die Moderation schon im Ansatz des Satzes erkennt, ob die Äußerungen einen Vorwurf, eine Beschuldigung, einen Angriff enthalten, d.h. ob es sich um eine Du- oder Ich-Botschaft handelt. Die Moderation unterbricht eine Du-Botschaft mitten im Satz und lenkt durch entsprechende Fragen auf Ich-Aussagen hin. Sie verhindert damit, daß neue Beschuldigungen ausgesprochen werden.

*Beispiel: „Du-Aussage"*
*"Du hast mich vor anderen angegriffen und mich heruntergeputzt in einer Art und Weise, die ich unmöglich finde."*
*Intervention der Leitung: Möglichst mitten im Satz unterbrechen und mit z.B. folgender Frage auf eine Ich-Aussage hinlenken.*
*"Bitte formulieren Sie, wie Sie den Angriff erlebt haben, was bei Ihnen passiert ist."*

*Beispiel: „Ich-Aussage"*
*"Ich fühlte mich verletzt, klein gemacht und war unheimlich wütend."*
*etc..*

Ich-Aussagen sind deshalb der entscheidende Schlüssel zur Lösung der Spannungen, weil sie die Emotionen des Sprechers in den Mittelpunkt stellten. Derjenige, der angegriffen wird, muß nur die Gefühle des anderen verstehen - wenn dieser in Ich-Aussagen sein Problem formuliert. Redet der andere in Du-Aussagen, muß der Angegriffene sich mit dem eigenen Verhalten auseinandersetzen und fühlt sich dann viel eher provoziert, sich zu verteidigen. Gegen den Ärger, die Enttäuschung des anderen muß er sich dagegen nicht wehren.
Ich-Aussagen sind nach unseren Beobachtungen der entscheidende Schlüssel, um produktiver mit den Konfliktenergien umzugehen.

## 8.5 Zuhören

Wenn sich die Konfliktpartner nicht zuhören und sich gegenseitig ins Wort fallen, ist die Moderation gefragt. Sie muß die spontanen Reaktionen der Konfliktpartner sofort unterbinden und durch aktives Verbalisieren die Gesprächsleitung behalten, weil sonst neue Verletzungen die Situation verschärfen.

*Beispiel:*

*K.:Immer wieder muß ich Dir sagen, daß das so nicht geht, und Du hast nichts Besseres zu tun, als ständig gegen meine Anweisungen zu verstoßen.*

*B.: Ich finde das eine Unterstellung und lehne ab, mit Dir weiter darüber zu reden, weil......*

*K.: Das habe ich gerne, erst den Zampano rauslassen, sich dann entziehen und....*

*B.: Das ist einfach unfair, was Du jetzt......*

*K.: Ja, ja unfair, jetzt schiebst Du mir auch noch die Schuld............*

*B.: Du weißt ganz genau, daß Du...*

*etc...*

Die Konfliktpartner kommen immer mehr in Fahrt, die Unterbrechungen werden häufiger und die Angriffe vermehren sich.

Die Leitung hat die Aufgabe, dafür zu sorgen, daß die Konfliktpartner ausreden können. Die Leitung verbalisiert jede Aussage, arbeitet die Gefühle als Ich-Aussagen heraus und fragt den Konfliktpartner, ob er die Gefühle verstehen kann.

## 8.6 Verantwortung für den eigenen Anteil am Konflikt übernehmen

In der Konfliktbearbeitung geht es immer auch darum, die jeweiligen Anteile der Konfliktpartner an dem Konflikt herauszuarbeiten. Jeder der Beteiligten hat etwas an sich, das den Konflikt entstehen läßt und womit er ihn aufrecht erhält. Das zu erkennen und für diesen eigenen Anteil die Verantwortung zu übernehmen, ist die Aufgabe, die von den Konfliktpartnern bewältigt werden muß. Verantwortung für den eigenen Anteil am Konflikt zu übernehmen, heißt auch, persönliche Verhaltensweisen und charakterliche Engführungen bewußter zu sehen und sie zu akzeptieren. Erst dann sind Veränderungsprozesse möglich. Können die Konfliktpartner ihren Anteil am Konflikt nicht erkennen, bleibt die Situation verhärtet und läßt sich nicht auflösen. Die Folge ist, daß die Schuld an dem Konflikt immer auf den anderen geschoben wird.

## 8.7 Vereinbarungen in der Konfliktbearbeitung

Ist die Bearbeitung eines Konfliktes gelungen, haben die Konfliktpartner ihren eigenen Anteil am Konflikt erkannt und die Verantwortung dafür auch übernommen, bedarf es einer Vereinbarung. Diese Vereinbarung soll zukünftige Situationen absichern, die zwischen den Beteiligten schwierig sind und in der sie Gefahr laufen, in ihre alten Verhaltensmuster zurückzufallen. Es wäre utopisch zu glauben, daß sie nicht zurückfallen, weil eingeübte Verhaltensweisen und Charaktereigenschaften nicht von heute auf morgen abzulegen sind. Und dennoch wird es nie mehr so sein wie vorher, weil die Partner jetzt voneinander wissen und den Konfliktzustand, in den sie geraten, erkennen können. Sie haben dadurch die Möglichkeit erworben, sich selbst ohne fremde Hilfe aus der Situation zu befreien.

# 9. Konfliktbearbeitung

## 9.1 Wie kann man Konflikte ansprechen?

"Du hast schon wieder Deine Sachen einfach liegen gelassen, Du bist so unordentlich. Ich finde das unverschämt und dreist."
Meist werden Konflikte mit solchen Sätzen eingeleitet. Es werden Anschuldigungen ausgesprochen, die dem Gegenüber das Vergehen deutlich machen sollen und die gleichzeitig eine Bewertung enthalten („Du bist unverschämt und dreist"), damit "es auch richtig sitzt". Der Angegriffene muß sich mit dem Vorwurf und der Bewertung auseinandersetzen. Er hat wenig Zeit, sich sein "Vergehen" genauer zu betrachten, weil er möglichst schnell nach einer Verteidigung, Entschuldigung oder einem Gegenangriff suchen muß, um sein Selbstwertgefühl zu retten. Meist entwickeln sich solche gegenseitigen Anschuldigungen zu einem lautstarken Streit. Es geht darum, wer recht hat oder recht behält. Mit Gegenangriffen lenkt der Beschuldigte von seinem Verhalten ab. Er nimmt die Gelegenheit wahr, aus dem Angriff einen Gegenangriff oder eine Verteidigung zu formulieren und sich für die Verletzung (unordentlich, unverschämt und dreist zu sein) zu "rächen", was dazu führt, daß sich beide auf eine Angriffsebene einlassen, die oft in einem schnellen Schlagabtausch von Anschuldigungen und Gegenanschuldigungen endet. Diese Kommunikation geht solange, bis die Argumente ausgehen, die Wut sich hochgeschaukelt hat und die Gesprächspartner weggehen (sich entziehen), Türen knallen oder heulen. Gelöst ist zu diesem Zeitpunkt nichts, mehr noch, es sind viele neue Verletzungen zugefügt und Abwertungen ausgesprochen worden.

Eine andere Möglichkeit ist die schnelle Entschuldigung, um sich nicht auf eine lange Auseinandersetzung einlassen zu müssen. Schnelle Entschuldigungen sind jedoch meist nur etwas für "jetzt" und halten selten, was sie versprechen.

Viele Varianten könnten hier noch aufgeführt werden, die mehr oder weniger offen ausagiert werden. Die Frage, die bleibt ist die, wie Konflikte so angesprochen werden können, daß sie verbinden und nicht trennen, daß sie Einsichten ermöglichen, neue Verletzungen vermeiden und Vereinbarungen getroffen werden können.

In dem aufgeführten Beispiel enthält der Angriff keine Aussage darüber, wie es demjenigen geht, der von dem Verhalten des anderen betroffen ist. Es wird deshalb auch nicht Thema, was den Konfliktträger verärgert hat.

## 9.2 Regeln für das Konfliktgespräch, wenn ich den Konflikt anmelde

Die Möglichkeit, zu einem besseren Verständnis zu kommen, ist die:

---

**1. In ICH-AUSSAGEN den Ärger und die eigene Verletzung formulieren, anstatt den anderen mit DU-AUSSAGEN anzugreifen.**

---

*Beispiel: „Ich -Aussage"*
*A.: "Mich ärgert es, wenn Du Deine Sachen liegen läßt, es verletzt mich, ich fühle mich nicht wertgeschätzt und von Dir mißachtet. Ich merke, daß ich dann schlechte Laune kriege und auf Dich wütend werde. Ich möchte mit Dir darüber reden, wie das anders gehen kann.".*

Diese Formulierung macht deutlich, daß es dem Angreifer nicht darauf ankommt, den anderen zu verletzen, sondern dem eigenen Ärger, der gespürten Mißachtung Ausdruck zu verleihen und Wege zu suchen, wie weitere Verletzungen vermieden werden können.

132

Den eigenen Ärger anzusprechen bedeutet, die eigenen Gefühle, die Verletzung wahrzunehmen, sich selbst ernst zu nehmen und sich zu trauen, die Verletztheit zu benennen. Jetzt muß sich der Konfliktpartner nicht mit einem Angriff auseinandersetzen, sondern mit den Gefühlen und der Verletzung, die beim anderen ausgelöst werden. Es wird jetzt weniger dessen Unordentlichkeit zum Thema (Sachebene), sondern die Tatsache, daß sein Verhalten an den Gefühlen des anderen nicht spurlos vorüber geht. Auf dieser Ebene kann es leichter ein Verstehen geben, weil die Art der Formulierung nicht so bedrohlich ist und weniger Schutzmechanismen provoziert werden. Jetzt geht es eher um die Betroffenheit darüber, daß das eigene Verhalten beim anderen Gefühle auslösen kann, die den Beteiligten vorher meist nicht bewußt waren.

---

**2. Fragen Sie Ihren Konfliktpartner, ob er/sie Ihre Verärgerung verstehen kann.**

---

*Beispiel: Verstehen anfragen*
*A.: Kannst Du verstehen, daß ich mich mißachtet fühle, wenn Du Deine Sachen liegen läßt und ich dann die Arbeit damit habe?*
*B.: Nein, das kann ich nicht verstehen, im übrigen ärgere ich mich auch, daß Du Deine Kaffeetassen nicht wegspülst, obwohl wir das vereinbart haben.*

---

**3. Verbalisieren und nachfragen, nicht auf den Angriff antworten.**

---

*A.: Du kannst meine Gefühle noch nicht verstehen und bist auf mich ärgerlich. Vielleicht können wir über Deinen Ärger im Anschluß daran sprechen. Ich möchte gerne, daß Du mich verstehst und weiß noch nicht, was Du noch wissen mußt, damit Du verstehen kannst, daß ich mich mißachtet fühle.*

*B.: Ich finde, daß Du ziemlich empfindlich reagierst. Außerdem könntest Du die Sachen einfach liegen lassen, bis ich sie selbst wegräume.*

---

**Verbalisieren und nachfragen, auf Verständnis für die eigenen Gefühle drängen.**

---

*A.: Du bist der Auffassung, daß ich zu empfindlich bin und machst schon einen Vorschlag, was ich tun kann. Ich möchte Dich aber nochmal fragen, ob Du wenigstens verstehen kannst, daß es mir so geht, daß ich mich mißachtet fühle.*

*B.: Ja, ich kann verstehen, daß es Dir so geht, auch wenn ich das anders sehe.*

*A.: Ich bin froh, daß Du meine Gefühle verstehen kannst, aber was siehst Du anders?*

*B.: Ich finde, daß Du Dich für etwas verantwortlich fühlst, was meine Sache ist. Ich weiß, daß ich ziemlich unordentlich bin, aber das geht nicht gegen Dich.*

---

**4. Eigenen Anteil - Anteil des anderen am Konflikt benennen.**

---

*A.: Du meinst, daß ich das zu persönlich nehme und du siehst Deinen Anteil darin, daß es Dir schwer fällt Ordnung zu halten.*

*B.: Ja*

*A.: Das stimmt, ich erlebe Deine Unordnung als Provokation und kann das schwer aushalten.*

---

**5. Ideen entwickeln für zukünftige Situationen und Vereinbarung treffen.**

---

*A.: Was können wir vereinbaren, daß ich mich nicht immer so gestört fühlen muß?*

*B.: Ich kann versuchen, mehr darauf zu achten, daß ich meine Sa-*
*chen wegräume, aber ich weiß jetzt schon, daß mir das nicht*
*immer gelingen wird. Vielleicht kannst Du mich einfach darauf*
*aufmerksam machen und Dich nicht gleich persönlich angegrif-*
*fen fühlen.*
*A.: O.k. ich versuche es, aber wenn ich damit nicht zurecht kom-*
*me, möchte ich das nochmal mit Dir besprechen.*

Aus dem Dialog über Ordnung und Unordnung lassen sich folgende
Regeln für das Konfliktgespräch:
"Wenn ich den Konflikt anmelde", ableiten.

**Regeln für das Konfliktgespräch:**
**"Wenn ich den Konflikt anmelde"**

1. **Formulieren Sie Ihren Ärger und die damit verbundenen Gefühle in Ich-Aussagen.**
Beispiel: "Ich merke, daß es mich wütend macht, wenn ..."

2. **Fragen Sie Ihren Konfliktpartner, ob er/sie Ihre Verärgerung verstehen kann.**

3. **Verbalisieren und nachfragen, wenn Sie sich noch nicht verstanden fühlen.**
Achten Sie darauf, daß Ihr Konfliktpartner nicht auf einen eigenen Konfliktschauplatz ausweicht, fordern Sie die Aufmerksamkeit für Ihre Störung ein.

4. **Eigenen Anteil am Konflikt benennen und den Anteil des anderen anfragen.**
In diesem Schritt geht es für beide Seiten darum, die eigene Beteiligung an der Situation zu erkennen und sich selbst und dem anderen einzugestehen.

5. **Überlegen Sie jetzt zusammen, welche Möglichkeiten es gibt, daß sich diese Situation nicht mehr ständig wiederholen muß. Vereinbaren Sie eine überprüfbare Lösung.**

## 9.3 Regeln für das Konfliktgespräch:

## "Wenn ich angegriffen werde und keine neutrale Person für die Moderation zur Verfügung steht" (HAIFA)

In Konflikten, in denen ich von anderen angegriffen werde und keine neutrale Person für die Moderation zur Verfügung steht, besteht die Gefahr, daß der Angreifer mich emotional trifft und sich die Gefühle gegenseitig hochschaukeln, wenn weder der Angreifer noch ich selbst die Gesprächsleitung übernehmen will.

Die folgenden fünf Schritte ermöglichen es, den Konfliktpartner anzuhören, zu verstehen was er klären will, erkennen zu können, worin mein Anteil am Konflikt besteht und eine tragfähige Vereinbarung zu treffen. Die strikte Einhaltung der Regeln sichert, daß ich Distanz zu den eigenen Gefühlen halten kann und ermöglicht, das Gespräch so zu führen, daß der andere sich in seinem Ärger verstanden fühlt.

Meist fällt es schwer, Angriffe auf die eigene Person erst einmal anzuhören, ohne gleich mit Verteidigung oder Gegenangriffen zu reagieren. Diese Angriffe berühren meist wunde Stellen in uns, so daß die eigenen Schutzmechanismen automatisch greifen. Dieser Automatismus verhindert die Offenheit, hören zu können, was mit dem anderen ist und erfahren zu wollen, was am eigenen Verhalten zu seiner Verärgerung geführt hat.

Wenn ich aus diesem "automatischen" Reaktionsmuster aussteige, ist der Raum für die Bearbeitung des Konfliktes gegeben. Dafür gilt die Regel HAIFA.

---

**H a l t** / durchatmen und nicht sofort zurückschlagen
**A k z e p t i e r e n** / Gefühle verbalisieren
**I n t e r e s s e  zeigen** / mit offenen Fragen nachfragen
**F e h l e r  eingestehen**/ eigenen Anteil am Konflikt formulieren
**A n g e b o t  machen oder Vereinbarung treffen**

---

Wenn ich angegriffen werde oder Kritik an mir geäußert wird:

**Halt**
Tief Luft holen, zuhören, die Aufmerksamkeit auf das Anliegen des Konfliktträgers lenken. Nicht angreifen, nicht verteidigen, nicht rechtfertigen, nicht klein beigeben, nur zuhören.

**Akzeptieren**
Die Gefühle, die der Konfliktträger ausdrückt, akzeptieren. Akzepieren heißt noch nicht, daß der/die andere recht hat, sondern signalisiert die Anerkennung der Gefühle, die den anderen besetzt halten. In diesem Stadium des Konfliktgespräches ist noch nicht entschieden, welchen Anteil ich an diesem Konflikt und an diesen Gefühlen habe. Noch ist alles offen, wenn der/die GesprächspartnerIn die Möglichkeit hat, seine/ ihre persönlichen Gefühle zu äußern.
Diese Gefühle verbalisieren, damit dem anderen signalisiert wird, daß sein Ärger, seine Wut, seine Enttäuschung verstanden werden.

**Interesse zeigen**
Mit offenen Fragen nachfragen, was den anderen enttäuscht, ärgerlich oder traurig macht, damit die Wurzel des Konfliktes ans Licht kommt. Interesse für das Anliegen des anderen zeigen. Die Aufmerksamkeit gehört dem anderen, damit nicht die eigenen Gefühle ins Spiel gebracht werden, oder ich als Angegriffene "wegtauche", ins

Grübeln verfalle und den anderen nicht mehr wahrnehme. Wenn es dem Angegriffenen gelingt, sich ganz auf die/den anderen einzustellen, ihre/seine Gefühle ernst zu nehmen, löst sich die Spannung langsam. Durch Verstehen ist der/die andere dann auch eher bereit, sich mit den eigenen Gefühlen auseinanderzusetzen. Das Gespräch ist jetzt an einem Punkt angekommen, an dem ich als Angegriffene den eigenen Anteil an diesem Konflikt erkennen kann, es deutlich wird, welche Übertragungen stattgefunden haben, aber auch, welche Erwartungen nicht erfüllt wurden.

Jetzt geht es darum, als Angegriffene den eigenen Anteil am Konflikt zu sehen und einzugestehen. Nicht erfüllte Erwartungen können überprüft werden. Ich kann überlegen, ob ich diese erfüllen will.

**Fehler eingestehen (den eigenen Anteil am Konflikt formulieren)**
In Ich- Aussagen wird geäußert, welche eigenen Anteile an der Verärgerung des anderen bestehen. Eigene Schwächen können in der jetzt entspannteren Situation zugegeben werden. Wichtig ist aber, sich von Erwartungen des anderen abzugrenzen, wenn man diese nicht erfüllen will.

An dieser Stelle ist jetzt Raum, den eigenen Ärger zu formulieren und falls dies zu neuen Angriffen des Gesprächspartners führt, erneut die Leitung des Gespräches nach den Regeln:
**"ich melde einen Konflikt an"** zu übernehmen.

**Angebot machen (Vereinbarung treffen)**
Jetzt erst können beide Konfliktpartner überlegen, wie sie in Zukunft mit ähnlichen Situationen umgehen können und wollen. Ideen und Vorschläge werden entwickelt und Vereinbarungen getroffen, die überprüfbar sind.

Wenn nach dem Gespräch die Spannung gelöst ist, ist das ein Signal dafür, daß der Konflikt gründlich durchgearbeitet wurde und eine Gesprächsatmosphäre entstanden ist, die es den Konfliktpartnern ermöglicht, lockerer miteinander umzugehen.

*Beispiel für ein Gespräch nach HAIFA den Regeln:*
*„Delegation der Aktivität"*
*Thomas und Werner gehören einem Arbeitsteam an. Monatlich
wird ein Treffen organisiert, bei dem jeder aus seinen Erfahrungen
mit seinem Arbeitsgebiet erzählen kann.*
*Thomas ist ein sehr redseliger, Werner ein eher ruhiger Mensch.*
*Thomas beschwert sich bei Werner:*

*T.: Ich finde es ziemlich komisch, daß Du Dich bei unserem Aus-
tausch so gut wie nicht beteiligst.*
*W.: Auf Dich wirkt das seltsam, daß ich mich so zurückhalte.*
*T.: Ja, und es macht mich auch ärgerlich.*
*W.: Bei Dir erzeugt das auch Ärger. Was ärgert Dich daran?*
*T.: Du sitzt da einfach immer dabei, hörst Dir die Sachen der an-
deren an und hältst Dich gut bedeckt.*
*W.: Dich ärgert meine Zurückhaltung, weil Du den Eindruck hast,
ich würde nur von den anderen nehmen, aber selbst nichts dazu
beisteuern.*
*T.: Ja, genau. Ich finde Dein Verhalten unkooperativ und unsozial
- ich könnte manchmal an die Decke gehen.*
*W.: Du erlebst mich als unkooperativ und unsozial und das macht
dich rasend. Was ist es genau, was Du als unkooperativ erlebst?*
*T.: Das habe ich Dir jetzt schon zweimal gesagt. Kannst Du mir
einmal sagen, was in Dir vorgeht?*
*W.: Dich ärgert das jetzt erneut, weil Du den Eindruck hast, daß
ich nicht richtig zuhöre und es ist unverständlich für Dich, was
mit mir ist. Ich kann verstehen, daß Du den Eindruck hast, ich
würde nichts von mir abgeben wollen. Aber bei mir ist das anders. Wenn ich in der Runde sitze, dann redet immer einer,
auch Du, und ich habe den Eindruck, ich würde jetzt mit meinem Beitrag stören.*
*T.: Das ist ja hochinteressant. Ich sitze immer da und komme unter
Druck, wenn mal keiner etwas sagt. Dann fange ich zu reden an*

*und Du fühlst dich als Störfaktor. Das heißt ja, daß wenn ich nicht so viel redete, daß Du dann reden könntest.*

*W.: Du gerätst in unseren Runden unter Druck, wenn das Gespräch nicht läuft und mußt dann etwas tun.*

*T.: Ja, genau.*

*W.: Ich kann verstehen, daß es Dir so geht. Vielleicht verstehst Du auch, daß ich ziemlich lange brauche, bis ich einsteigen kann, und wenn Du redest, dann fühle ich mich nicht mehr genötigt zu reden.*

*T.: Das heißt ja, daß Du mich arbeiten läßt.*

*W.: Du erlebst das als Ausnutzen von mir?*

*T.: Ja, schließlich kostet das meine Kraft, und ich wünsche mir von Dir, daß Du dich auch beteiligst.*

*W.: Dein Ärger kommt auch daher, daß Du den Eindruck hast, für mich in der Runde arbeiten zu müssen und Du wünschst dir von mir mehr Aktivität.*

*T.: Ja.*

*W.: Ich verstehe Deinen Ärger, das war mir nicht so klar und sehe meinen Anteil darin, schneller in die Gesprächsrunden einzusteigen. Sollte es nicht gelingen, bitte ich Dich um einen „Schubs". Kannst Du bei Dir auch einen Anteil an unseren Schwierigkeiten entdecken?*

*T.: Ja, ich muß eigentlich lernen aushalten zu können, wenn unser Gespräch mal stoppt und nicht gleich in diese Lücke springen, damit auch Du eine Chance hast.*

## 9.4 Regeln für die Moderation von Konflikten

Sie kennen spannungsreiche Situationen in Teams, in Gruppen, in Familien, die auf Unzufriedenheiten, Verletzungen, ungeklärte Erwartungen, nicht erfüllte Wünsche etc... zurückzuführen sind. Nicht immer gelingt es, die Emotionen, die damit verbunden sind zu beruhigen, und häufig bleiben Reste übrig.

Eine günstige Ausgangssituation für die Klärung von Konflikten ist dann gegeben, wenn eine neutrale Person die Gesprächsleitung übernimmt. Sie kann die Konfliktbeteiligten durch ihre Moderation vor neuen Verletzungen und Angriffen schützen.

Die in diesem Kapitel angegebenen Regeln funktionieren nicht einfach von selbst. Sie erfordern eine strikte und konsequente Leitung. Leitung ist vor allem dann gefragt, wenn der Konfliktpartner den Spieß umdreht und mit Vorwürfen, Gegenangriffen oder Rechtfertigungen auf den Konfliktträger reagiert - z.B. „daß dieser sich in der Situation auch falsch verhalten habe", „daß er es ablehne so infrage gestellt zu werden", „daß der Konfliktträger die gerade erreichte Harmomie störe". Die Leitung muß solche Reaktionen sofort unterbinden, denn sonst wiederholt sich der Streit im Konfliktgespräch. Der Konfliktträger muß in seiner Rolle bleiben können und davor geschützt werden, daß sein Klärungswunsch mit einem Gegenangriff ausgehebelt wird. Die Moderation greift die Aussagen des Konfliktpartners insofern auf, indem sie verbalisiert, daß er auch etwas mit dem Konfliktträger zu klären hat, bittet jedoch darum, erst den schon formulierten Konflikt zu klären um dann den neu formulierten Konflikt anzugehen. Die Moderation fragt nun den Konfliktpartner noch einmal, ob er den Ärger, die Verletzung, die Trauer des Konfliktpartners verstehen kann. Ist dies der Fall, wird die Konfliktmoderation bis zu einer Vereinbarung weitergeführt.
Damit ist das Konfliktgespräch beendet. Der Konfliktpartner kann nun seinen Ärger oder seine Verletzung klären.
Die Einhaltung dieser Regel erscheint pingelig und der Moderator wird leicht als stur und engstirnig hingestellt. Nach unseren Beobachtungen ist die Einhaltung der Reihenfolge jedoch aus mehreren Gründen nötig.

---

**Erst das eine Konfliktgespräch zuende führen, ehe ein neues, das sich aus dem ersten ergibt, angegangen wird.**

---

denn:

1. Man kann in der Moderation nicht zwei Konfliktgespräche zur gleichen Zeit leiten.
2. Der Streit setzt sich sonst unter dem Deckmantel der Konfliktmoderation weiter fort.
3. Die Konfliktklärung ist viel weniger zeitaufwendig.

Die Moderation sollte immer mit demjenigen/derjenigen arbeiten, der einen Konflikt anmeldet, denn dieser will etwas klären. Wer mit der eigenen Konfliktbearbeitung wartet, bis er angefragt wird, ist noch zu wenig entschieden, um die Klärung wirklich bis zum Ende zu betreiben.
Die Moderation kann nur funktionieren, wenn ein Konfliktträger aktiv wird und die Verantwortung für die Klärung übernimmt. Sind Konfliktträger und Konfliktpartner unentschieden, schieben sie jeweils dem anderen die Klärung zu. Die dadurch entstehende Verwirrung ist durch die Moderation kaum aufzulösen.

Neben den Schritten des Konfliktgesprächs sind die zwei Regeln, die eine sichere Orientierung ermöglichen:
1. In Ich-Aussagen sprechen und Ärger, Verletzungsgefühl in der Moderation als Ich-Aussage verbalisieren.
2. Nur jeweils ein Konfliktgespräch moderieren und den Auftrag für ein zweites erst annehmen, wenn das erste abgeschlossen ist.

Ist die Konfliktmoderation abgeschlossen, kann die Moderation die Zügel etwas lockern. Solange sie aber noch Spannungen wahrnimmt, muß sie die Regeln strikt und konsequent durchsetzten.


**Schritte der Konfliktmoderation**
Die Konfliktmoderation braucht die Fähigkeit zu verbalisieren und die offene Frageformulierung, um den Konfliktursachen auf die Spur

zu kommen. Darüberhinaus gibt es fünf Schritte für die Konfliktmoderation, an denen sich die Leitung orientieren kann.

**Regeln für die Moderation von Konflikten:**

1. **Problemformulierung**
2. **Gefühle herausarbeiten**
3. **Anteile am Konflikt erkennen**
4. **Ideen entwickeln**
5. **Vereinbarung treffen**

**1. Problemformulierung:**
Der Konfliktträger formuliert in Ich-Aussagen sein Problem so präzise wie möglich. Die Leitung fragt mit offenen Fragen solange nach, bis sie das Problem versteht, das den Konfliktträger belastet. Wenn ein Konfliktträger seinen Ärger und seine Enttäuschung als Angriff formuliert, verbalisiert der Moderator, die Moderatorin diesen um: "Sie fühlen sich verletzt, es ärgert sie, daß...", und lenkt den Angreifer sanft dahin, in Ich-Aussagen zu sprechen.

**2. Gefühle herausarbeiten**
Im zweiten Schritt geht es darum, die Gefühle des Konfliktträgers herauszuarbeiten, die Sache, um die es geht und die Gefühle, die ausgelöst wurden, zu verbalisieren. Sind die Gefühle ausgesprochen, ist schon ein guter Teil der Spannung aus dem Konflikt herausgenommen. Dann wird der Konfliktpartner angefragt, ob er/sie verstehen kann, daß der/ die andere ärgerlich, verletzt, traurig oder enttäuscht ist. Kann der Konfliktpartner diese Gefühle nicht verstehen, muß die Moderation nachfragen, was noch nicht verstanden ist und was der Konfliktpartner noch wissen muß, damit er die Verärgerung, Verletzung oder Enttäuschung des/der anderen verstehen kann.

**Achtung:** Die Gefahr ist groß, daß der Konfliktpartner nicht auf die Fragen der Moderation eingeht, sondern schnell mit Verteidigung, Angriffen oder Rechtfertigung reagiert. Diese Situation ist ziemlich brenzlig. Läßt die Moderation das zu, kippt das Konfliktgespräch auf die andere Seite und der Konfliktpartner wird zum Konfliktträger. Dann geht es nicht mehr um den Ärger und die Verletzung desjenigen, der den Konflikt angemeldet hat. Die Moderation muß darauf bestehen, daß erst der Konflikt bearbeitet wird, der zuerst angemeldet war. Stellt sich im Verlauf des Gespräches heraus, daß der andere Konfliktpartner auch etwas zu klären hat, muß er das anmelden. Dieser Konflikt wird dann als nächstes bearbeitet.

### 3. Eigene Anteile am Konflikt erkennen

Im dritten Schritt sollen die Kontrahenten erkennen können, welchen Anteil sie selbst an dem Konflikt haben und wofür sie die Verantwortung übernehmen können, oder auch nicht übernehmen brauchen. Meist werden hier den Konfliktpartnern ihre Übertragungen und die eigenen charakterlichen Engführungen deutlich. Die Leitung fragt mit offenen Fragen diese Anteile an und verbalisiert diese, damit sie von beiden Seiten verstanden werden.

### 4. Ideen entwickeln

Wenn sich durch die Verbalisierung der Gefühle die Spannung gelegt hat, können die Gespächspartner überlegen, welche Möglichkeiten sie haben, ähnliche Wiederholungen in Zukunft zu vermeiden bzw. besser damit umzugehen. Sie entwickeln Ideen dazu.

### 5. Vereinbarung treffen

Abgeschlossen wird das Konfliktgespräch mit der Vereinbarung, welche Idee umgesetzt werden soll und wie die Kontrolle dieser Umsetzung gewährleistet werden kann. Die Leitung verbalisiert und faßt die Vereinbarungen zusammen.

Nach den Vereinbarungen fragt die Leitung die Konfliktbeteiligten, wie es ihnen jetzt miteinander geht und ob es noch etwas zu bearbeiten gibt

# 10. Beispiele für die Konfliktbearbeitung

Im vorangegangenen Kapitel wurden Regeln und Schritte beschrieben, wie eine Konfliktbearbeitung produktiv angelegt werden kann und worauf besonders zu achten ist.
Ich-Aussagen und beim Konfliktpartner Verständnis dafür wecken, wie der andere das Verhalten erlebt, sind die wichtigsten Regeln, die in den meisten Fällen auch dazu führen, daß die Spannungen abgebaut werden und Vereinbarungen möglich sind, wie in Zukunft die Kooperation verändert werden kann.
Es gibt natürlich auch Konflikte, die nicht auf dem direkten Weg bearbeitet werden können. Dies ist z.B. der Fall, wenn der Konfliktpartner mit einem Gegenangriff reagiert und die Verärgerung des anderen übergehen will.

## 10.1 Der Angegriffene geht zum Angriff über

Ein solches Konfliktgespräch kann etwa so ablaufen:
Zwischen zwei Kollegen kommt es zu einem Konflikt (A. und B. sind die Konfliktpartner und L. die Moderation)

A.: *Ich habe ziemlich blöd dagestanden, als Du am Freitag plötzlich verschwunden warst. Ich mußte die Ausschreibungen rausbringen und es fehlten wichtige Unterlagen.*
L.: *Sie haben sich im Stich gelassen gefühlt, weil Ihr Kollege nicht mehr erreichbar war.*
B.: *Das kann ich Dir leicht erklären. Wenn Du immer bis kurz vor Toresschluß wartest, brauchst Du mit mir nicht zu rechnen. Ich war den ganzen Morgen in meinem Büro.*

*L.: Sie fühlen sich nicht schuldig, weil Sie am Vormittag auf Ihren*
*Kollegen gewartet haben.*

*A.:Ja, einfach abhauen mich mit der Arbeit sitzen lassen. Natür-*
*lich sind Dienstzeiten strikt einzuhalten und Freitagmittag läßt*
*Du den Bleistift fallen. Die Kollegen können dann ja sehen, wie*
*die Arbeit fertig gemacht wird.*

*L.: Sie sind ärgerlich, weil Sie Freitag nicht pünktlich Schluß ma-*
*chen konnten.*

*B.: Pünktlich Schluß machen, das kannst Du auch haben, wenn Du*
*morgens Deine Sachen erledigen würdest.*

*L.: Sie empfehlen Ihrem Kollegen, daß er früher mit der Aus-*
*schreibung hätte beginnen sollen.*

*A.: Du hast gut reden. Ich mußte erst einmal in die andere Abtei-*
*lung rüber, weil die mir die ganze Woche wichtige Zahlen*
*nicht geliefert haben. Das ist noch lange kein Grund, daß Du*
*einfach abhaust.*

*L.:. Sie hätten auch lieber früher mit Ihrer Arbeit beginnen*
*wollen......*

Das Konfliktgespräch kann noch lange so weitergehen. Jeder formuliert Vorwürfe, verteidigt sich und alles wird von der Moderation
verbalisiert. Das kann deshalb passieren, weil die Moderation nicht
die Leitung des Gespräches übernommen hat, sondern lediglich nach-
plappert, was die Konfliktpartner sich gegenseitig an den Kopf wer-
fen. Die Moderation hat vor allem nicht bemerkt, daß der Angegriffene sofort den Spieß umdrehte und sich deshalb die Wirkung seines
Verhaltens auf seinen Kollegen gar nicht anhören muß.
Wichtig ist daher die Regel, daß es erst einmal nur um den Konflikt
geht, den A. angemeldet hat. Wenn B. feststellt, daß er auch mit A. etwas klären muß, wird das in einem nächsten Gespräch angegangen.
Die Leitung muß also sofort eingreifen.

Wir setzen beim ersten Beitrag von B. ein (s.o.):

*B.: Das kann ich Dir leicht erklären. Wenn Du immer bis kurz vor*
*Toresschluß wartest, brauchst Du mit mir nicht.... -*
*L. unterbricht B.*
*L.: Ich verstehe, daß Sie mit der Sache auch nicht ganz zufrieden*
*sind. Können Sie zuerst einmal verstehen, daß Ihr Kollege sich*
*von Ihnen im Stich gelassen fühlt?*
*B.: Nein, das kann ich nicht.*
*L.: Was müßten Sie noch wissen, damit Sie ihn verstehen können?*
*B.: Na ja, warum er mir Vorwürfe macht. Ich verstehe ja, daß er*
*auch nicht gerne Freitagnachmittag im Büro ist. Aber was hat*
*das mit mir zu tun?*
*L. zu A..: Können Sie noch einmal Ihrem Kollegen erklären, was*
*Sie ärgert?*
*A.: Ärger ist nicht ganz richtig. Ich war entäuscht, daß er mir nicht*
*geholfen hat. Schließlich ist die Ausschreibung wichtig für die*
*Abteilung. Er hätte mir wenigstens sagen können, daß er nach*
*Hause geht.*
*L. zu B.: Können Sie verstehen, daß Ihr Kollege mit Ihrer Unter-*
*stützung gerechnet hat und Sie für Rückfragen noch brauchte.*
*B.: Ja, das kann ich verstehen. Aber er hätte mir ja vorher etwas*
*sagen... - Leitung unterbricht B.*
*L.: Ich verstehe, daß Sie sich auch eine bessere Zusammenarbeit*
*wünschen. Aber bleiben wir erst noch bei Ihrem Kollegen.*
*Seine Enttäuschung können Sie verstehen.*
*B.: Ja.*

Das Konfliktgespräch geht noch weiter. Deutlich geworden ist, daß
einfaches Verbalisieren die Spannung nicht auflöst. Entscheidend ist
das Ziel des Verbalisierens, daß nämlich der andere Verständnis für
den Ärger, die Enttäuschung desjenigen aufbringen kann, der den
Konflikt angemeldet hat. Nur auf der Basis, daß der eine sich mit seinen Emotionen ernst genommen fühlt, kann der Konflikt bearbeitet
und eventuell eine neue Absprache getroffen werden.

## 10.2 Konflikt wiederholt sich im Konfliktgespräch

Die in Kap. 9 formulierten Schritte und Regeln stellen ein Geländer dar, an dem man sich auf jeden Fall orientieren kann. Das ist aber keine Gewähr, daß der Konflikt auch immer bearbeitet werden kann. Im Konfliktgespräch kann sich dasselbe Beziehungsmuster wiederholen, das den Konflikt ausgelöst hat.

S. fühlt sich von M. nicht verstanden, weil sie den Eindruck hat, daß er immer dann, wenn sie Orientierung über sein Verhalten braucht, mit Entzug reagiert.

S.: *Ich habe Schwierigkeiten mich an Deinem Verhalten zu orientieren. Mich hat es wütend gemacht, als Du Dich aus dem Arbeitsgespräch zurückgezogen und keine Orientierung gegeben hast, weshalb Du gegangen bist.*

L.: *Ihnen fehlt Orientierung darüber, wie Sie sein Verhalten einordnen können und es ärgert Sie, wenn er sich ohne etwas zu sagen entfernt.*

L. zu M.: *Können Sie verstehen, daß S. sich ärgert, wenn Sie sich aus einem Gespräch entfernen, ohne daß S. weiß warum?*

M.: *Ich mußte mich einfach mal entlasten, damit ich mich wieder konzentrieren konnte.*

L.: *Sie brauchten Entlastung, können Sie jedoch verstehen, daß Ihr Verhalten bei S. Verärgerung ausgelöst hat?*

M. Schweigt und zieht die Schultern hoch.

L.: *Können Sie den Ärger verstehen?*

M. Schweigt

L.: *Was bedeutet das Schulterzucken?*

M.: *Damit habe ich nichts zu tun.*

S. kocht innerlich und stöhnt ärgerlich.

L: *Was ist jetzt gerade zwischen Ihnen?*

S.: *Ich bin schon wieder auf hundertachtzig, ich finde sein Verhalten unmöglich.*

*L.: Sie sind wütend auf M., können Sie sagen was Sie an seinem Verhalten jetzt ärgert?*

*S.: Er sitzt da und und tut so, als hätte er mit der ganzen Geschichte nichts zu tun.*

*L.: Sie ärgern sich, weil er sich so distanziert verhält.*

*S.: Ja, ich weiß nicht, wie ich an ihn dran kommen kann und ich habe den Eindruck, daß er sich entzieht.*

*L.: Sie haben das Gefühl, daß Sie ihn mit Ihrem Anliegen nicht erreichen.*

*L. zu M.: Können Sie verstehen, daß Ihr Schweigen S. ärgert und sie das Gefühl hat, daß sie bei Ihnen gegen eine Wand läuft?*

S. und M. sind jetzt in genau der Verstrickung, in die sie immer wieder geraten. Jetzt hat die Leitung die Aufgabe, den aktuell entstandenen Konflikt zu moderieren und dann erst einen Bezug zu dem Ausgangskonflikt herzustellen.

Wir fahren in diesem Gespräch fort:

*L. zu M.: Können Sie verstehen, daß Ihr Schweigen S. ärgert und sie das Gefühl hat, daß sie bei Ihnen gegen eine Wand läuft?*

*M.: Nicht ganz, ich hab doch nichts gemacht.*

*L.: Es ist für Sie schwer zu verstehen und Sie fühlen sich unschuldig. Was müssen Sie noch wissen, damit Sie den Ärger von S. verstehen können.*

*M.: Ich sitze hier ganz friedlich und weiß nicht, womit ich diesen Ärger auslöse.*

*S.: Das ist es ja gerade, Du sitzt da und ich merke, daß Dich das, was mich beschäftigt und womit ich mit dir nicht klar komme, nicht berührt.*

*L. zu M.: S. ärgert und Sie fühlt sich verletzt, weil sie Ihr Schweigen als Mißachtung erlebt. Können Sie das verstehen?*

*M.: Schwer, aber ich merke ja, daß sie wütend ist.*

*S.: ... und ich bin auch traurig, weil ich möchte, daß Du mich verstehst und mir zuhörst.*

*L. zu M: Können Sie verstehen, daß S. an Ihnen viel liegt und es*
*sie traurig macht, wenn sie im Gespräch den Eindruck hat, daß*
*Sie sich nicht für das, was sie anspricht, interessieren.*
*M.:Ja, das kann ich schon verstehen, aber ich habe das nie so*
*ernst gesehen.*
*etc...*

Das Konfliktgespräch geht weiter. Es ist jetzt an dem Punkt angekommen, an dem der Konfliktpartner erkannt hat, daß da mehr dahinter stecken muß, als er angenommen hat und jetzt bereit ist, der Kon-
fliktträgerin zuzuhören.

## 10.3 Gruppenmitglied spricht Normen an, die jemand for-
muliert, ohne daß die Gruppe Widerspruch einlegt

In der Regel ist die Leitung nur für Konflikte angefragt, wenn diese
Konflikte auch angemeldet werden. Es gibt jedoch Konstellationen, in
denen die Leitung aktiv werden muß, auch wenn nicht direkt ein
Konflikt von TeilnehmerInnen angemeldet wird. Das ist u.a. dann der
Fall, wenn ein Gruppen- oder Team-Mitglied Normen formuliert und
die Gruppe diese nicht korrigiert:

In einem Gesprächskreis eines Kindergartens geht es um religiöse Er-
ziehung. Nachdem sich die Eltern in Kleingruppen ausgetauscht haben, folgt eine Plenumsrunde. Die Eltern berichten über Erfahrungen
mit ihren Kindern und über die Fragen, die ihre Kinder zu religiösen
Themen stellen. Eine Gruppe hat sich darüber unterhalten, wie es
ihnen als Eltern geht, wenn Kinder ihnen diese Fragen stellen. Eine
Mutter aus einer anderen Gruppe wirft ein:
*"Das ist hier nicht Thema, es war vereinbart, daß wir nur über die*
*Fragen der Kinder sprechen:"*
In der Gruppe erhebt sich kein Widerspruch. Auch die Eltern, die sich
in der Kleingruppe mit ihren eigenen Reaktionen auf die Fragen der

Kinder beschäftigt haben, schweigen. Sie erleben den Einwurf der Mutter als Tadel, nicht am vorgeschriebenen Thema gearbeitet zu haben.

Die Leitung kann schweigen. Dann wirkt der Einwurf der Mutter wie eine Norm, die beinhaltet: Über bestimmte Themen wird in diesem Seminar nicht gesprochen.

Die Leitung kann auch reagieren:

> *L. zur Mutter: Ich habe Schwierigkeiten, wenn die Gruppe nicht über Ihr Gespräch berichten kann.*
>
> *M.: Ich gehe davon aus, daß es hier um die religiösen Fragen der Kinder geht.*
>
> *L.: Können Sie verstehen, daß ich das etwas streng empfinde, wenn Sie nicht zulassen können, daß die Gruppe über ihre Erfahrungen als Eltern reden kann.*
>
> *M.: Nein.*
>
> *L.: Was fehlt Ihnen, um das zu verstehen?*
>
> *M.: Ich verstehe nicht, warum wir uns nicht an unsere Vereinbarungen halten.*
>
> *L.: Sie haben den Eindruck, daß wir uns nicht an die Vereinbarungen halten.*
>
> *M.: Ja, weil ich dann gezwungen werde, über etwas zu reden, worüber ich nicht reden will.*
>
> *L.: Sie würden lieber nicht darüber sprechen, wie Fragen der Kinder auf Sie wirken.*
>
> *M.: Ja, das wäre mir recht.*
>
> *L.: Das kann ich verstehen. Aber wäre es Ihnen möglich, der Gruppe zuzuhören?*
>
> *M.: Ja, natürlich.*

Die Leitung hat durch diese Intervention sichergestellt, daß in der Gruppe nicht "unter der Hand" Normen aufgerichtet, bzw. Themen tabuisiert werden. Die Leitung ist in diesem und in anderen Fällen betroffen, wenn es um die Einführung bzw. den Abbau von Normen geht, die den Spielraum der Leitung und damit der Gruppe eingren-

zen. Solche Normen bedürfen der offenen Ansprache und einer Vereinbarung, die für alle transparent ist.

Es gelten hier die Regeln "wenn ich den Konflikt anmelde", die in
Kap. 9.2 formuliert sind: In Ich-Aussagen benennt die Leitung ihre
Schwierigkeit und dringt darauf, daß das Team- bzw. Gruppenmit-
glied versteht, wie die Leitung die Intervention, das Verhalten erlebt.

In ähnlicher Weise kann die Leitung auch Verhaltensweisen von
Gruppenmitgliedern aufgreifen, die bisher stillschweigend geduldet
wurden. Z.B. zu spät kommen, früher weggehen, seine Meinung nicht
äußern etc...

## 10.4  Die Kompetenz der Moderation wird infrage gestellt

Wer einen Konflikt aufgreift und die Moderation übernimmt, begibt
sich in ein Risiko, weil seine Moderation von beiden Konfliktpartnern
anerkannt bleiben muß. Diese Anerkennung kann die Moderatorin,
der Moderator verlieren, wenn sie/er nicht neutral bleibt:

In einem Büro kommt es zum Streit um einen Computerplatz, der mit
neuen und besseren Programmen ausgerüstet ist.
Ch. hat an diesem Platz eine schwierige Arbeit begonnen, mußte aber
für eine Stunde zu einem Kunden. In der Zwischenzeit kommt B. und
setzt sich an diesen Platz, weil er hier besser arbeiten kann als an
seinem weniger gut ausgestatteten PC. Ch kommt wieder zurück und
drückt seinen Ärger darüber aus, daß B. ihm den Platz streitig macht.
K. hört den Streit und vermittelt:

*Ch.: Ich finde das nicht in Ordnung, daß Sie hier sitzen und meine
Arbeit einfach abgespeichert haben.*
*K.: Sie ärgern sich, daß Sie jetzt nicht gleich weiterarbeiten
können. Weshalb ist das so schlimm, wenn B. hier arbeitet,
wenn Sie nicht da sind?*

*Ch.: Natürlich darf er, aber das soll er dann gefälligst mit mir absprechen.*

*K.: Wie sollte er das aber? Sie waren ja gar nicht da als B. kam.*

*Ch.: Nein, aber ich sitze seit 8 Uhr hier und er kommt um 10 Uhr.*

*K.: Ja, er ist halt heute später gekommen.*

*Ch.: Und wenn der Herr dann kommt, dann bekommt er gleich die besten Arbeitsmittel hier im Büro.*

*K.: Nein, das heißt das doch gar nicht. Er kann doch das Gerät benutzen, wenn Sie gerade nicht da sind.*

*Ch.: Soll er doch. Aber heute nicht. Ich will jetzt hier arbeiten. - Ch. läßt B. und L. stehen und setzt sich an seinen Arbeitsplatz.*

Die Moderation, die K. aus eigener Initiative übernommen hat, war gut gemeint und dem Antrieb entsprungen, B. vor Ch. zu schützen. Das hinderte ihn daran, den Ärger von Ch. zu verstehen, der sich dann auch (wieder einmal) durchsetzte und K. damit zu verstehen gab, daß er ihn nicht als Moderator akzeptiert. K. hätte herausarbeiten müssen, daß der Ärger von Ch. darin bestand, daß er auf sein Arbeitsmittel verzichten muß, nur weil er schnell auf einen Kundenwunsch reagiert hatte. Außerdem war da auch noch der Ärger darüber, daß B. mal wieder zu spät ins Büro kam. B. hätte durch die Moderation von K. verstehen müssen, daß die Inbesitznahme des Arbeitsplatzes von Ch. eine Wirkung haben muß. Da B. sowieso zu spät ins Büro gekommen war, fühlte er sich auch selbst nicht stark genug, Ch. entgegenzutreten und war froh, den Schutz von K. zu bekommen.

Da Ch. den Konflikt angemeldet hat, muß K. folgendermaßen verbalisieren:

*K. zu B.: Können Sie verstehen, daß Ch. sich ärgert, wenn Sie an dem Arbeitsplatz sitzen, wo er schon vorher gearbeitet hat?*

*B.: Nein, kann ich nicht. Ich mache ihm doch wieder Platz... - K. unterbricht*

*K.: Was müssen Sie noch wissen, um den Ärger von Ch. zu verstehen?*

*B.: Warum Ch. sich ärgert.*

*K. zu Ch.: Können Sie Ihrem Kollegen noch einmal erklären, wa-*
*rum Sie sein Verhalten geärgert hat.*
*Ch.: Mich ärgert es ... u.s.w.*

Auch wenn die Moderationsrolle neutral ausgeübt wird, kann sie in-frage gestellt werden, wenn z.B. ein Konfliktpartner die Bearbeitung der Störung verhindern will.

In einem Kurs meldet nach der Auswertung einer Übung jemand eine Störung an:

*R.: Ich fühle mich hier nicht richtig verstanden. Ich hatte das ganz*
*anders gemeint. Ich wollte O. erst Zeit lassen, sich klar zu wer-*
*den. Jetzt heißt es, daß ich die Übung verzögert habe.*
*L.: Sie fühlen sich nicht richtig beurteilt. Können Sie sagen, welche*
*Äußerung bei Ihnen Ärger ausgelöst hat?*
*R.: Ich finde, O. sollte sich mit seiner Kritik etwas zurücknehmen.*
*L.: Sie spüren bei O. wenig Wohlwollen.*
*L. zu O.: Können Sie verstehen, daß R. sich durch Ihre Kritik nicht*
*wohlwollend behandelt fühlt?*
*O.: Ja, schon, aber wenn er keine Kritik verträgt, frage ich mich,*
*was er in einem solchen Training will.*
*L.: Ich verstehe, daß Sie verwundert sind, wenn Ihre Kritik nicht*
*als hilfreich erlebt wird. Können Sie denn verstehen, daß sie*
*O. nicht gut tut.*
*O.: Darum geht es hier gar nicht. Ich kann das verstehen, aber Sie*
*kann ich nicht verstehen. Sie wollen uns trainieren, aber ver-*
*hindern, daß deutlich gesagt wird, was Sache ist.*

Hier beginnt der Konfliktpartner einen Konflikt mit der Leitung, die gleichzeitig die Moderation inne hat. Die Leitung hat jetzt die Mög-lichkeit, festzuhalten, daß hier ein Konflikt im Anschluß noch zu be-arbeiten ist und kann die Moderation an jemand anderen abgeben, weil sie selbst jetzt nicht mehr in neutraler Position ist. Sie kann aber auch versuchen, den Widerstand zu thematisieren und zwischen den

155

momentanen Konflikt zu schieben, um das, was aktuell als Angriff formuliert wurde, wegzuarbeiten.

> L.: Sie reagieren im Augenblick auf mich und formulieren eine Un-
> klarheit. Vielleicht können wir das im Anschluß klären. Ich
> bin jetzt nicht in der Trainerrolle, sondern versuche in einem
> Konflikt zwischen Ihnen beiden zu moderieren.
>
> O.: Sie sind hier Trainer. Wenn Sie das ordentlich machen,
> braucht es auch Ihrer Konfliktklärung nicht.
>
> L.: Sie haben Schwierigkeiten damit, wie ich hier als Trainer
> arbeite.
>
> O.: Ja, Sie dürften gar nicht zulassen, daß sich nachher jemand
> über Kritik beschwert.
>
> L.: Sie meinen, ich hätte die Schwierigkeit, die R. mit Ihrer Kritik
> hatte gar nicht aufgreifen sollen.
>
> O.: Richtig, dann könnten wir jetzt weiterarbeiten.
>
> L.: Sie ärgert also weniger, daß R. eine Störung angemeldet hat,
> sondern daß ich dieser Störung Raum gebe und Sie das Gefühl
> haben, daß Zeit für das Training verloren geht.
>
> O.: Ja, ich will weiter üben.
>
> L.: Das verstehe ich. Aber können Sie auch akzeptieren, daß R. nur
> dann gut weiterarbeiten kann, wenn er die Schwierigkeit mit
> Ihnen klären kann.
>
> O.: Na ja, wenn das so ist.
>
> L.: Ja ich würde das so sehen. Das ist auch für Sie von Vorteil.
> Falls Sie mal nicht gut arbeiten können, bin ich genauso für Sie
> da.
>
> O. zu R.: Ja, o.k. Was kann ich tun, damit meine Kritik besser an-
> kommt?

In diesem Beispiel ist es der Leitung gelungen, die Anerkennung von O. zu gewinnen, auch wenn O. die Reaktion von R. auf seine Kritik unangenehm war.
Die Infragestellung der Moderation ist immer ein Konflikt mit der Leitung bzw. mit dem oder der ModeratorIn. Ist dieser Konflikt nicht,

wie in dem Beispiel oben dargestellt, zu lösen, muß jemand anderes die Moderation übernehmen. Das ist möglich. Wir haben erlebt, daß sogar dreimal die Moderation ausgewechselt wurde und dadurch in der Gruppe sogar die Motivation steigt, den Konflikt zur Klärung zu bringen.

## 10.5 Wie geht die Leitung mit der Kritik von Teilnehmern um?

Die Leitung eines Moderationsseminares wird mit der Unzufriedenheit einer Teilnehmerin konfrontiert und reagiert mit einer Bewertung auf die ganze Gruppe. Sie äußert in der Auswertungsrunde am ersten Abend *"Ich bin nicht Euer Kindermädchen. Wenn Ihr was braucht, müßt Ihr das schon sagen. Ich kann das nicht erahnen."*
Ein Teilnehmer des Kurses reagiert auf die Aussage der Leitung und merkt an, daß er sich mit dieser Bewertung sehr unwohl fühlt.
Die Leitung greift diese Aussage auf, um den Ärger mit dem Teilnehmer zu bearbeiten.

> L.: *Ihnen geht es nicht gut mit meiner Aussage, die Sie als Bewertung Ihrer Person erleben.*
> W.: *Ja ich bin betroffen und fühle mich unrechtmäßig von Ihnen gemaßregelt, ich möchte von Ihnen nicht so behandelt werden.*
> L.: *Sie fühlen sich von mir ungerecht behandelt und ich habe Sie verletzt.*
> W.: *Ja.*
> L.: *Ich kann Ihre Kritik gut verstehen und auch annehmen, es ist nicht mein Anliegen gewesen Sie zu kränken. Ich habe mich über die Ansprüche einzelner in der Gruppe geärgert und meine Wut darüber nicht offen zum Ausdruck gebracht, sondern sie über eine Zurechtweisung und Bewertung, an alle mitgeteilt. Ich sehe, daß das ungerecht war und daß meine Emotionen für Sie nicht einschätzbar waren. Ich entschuldige*

*mich für die Art und Weise wie ich das gesagt habe. Können*
*Sie das von mir annehmen?*

*W.: Ja, es geht mir besser zu wissen, was mit Ihnen in dieser Situ-*
*ation los war, und daß Sie einsehen, daß das nicht in Ordnung*
*war.*

W. fühlte sich durch die Aussage "Ich bin doch nicht Euer Kindermädchen" von der Leitung vereinnahmt und bewertet. Er hat seinem
Ärger darüber in Ich-Aussage Luft gemacht und von seinen Gefühlen
gesprochen. Für die Leitung war es leicht, seinen Ärger zu verstehen,
anzunehmen und die eigenen Schwächen und Fehler einzugestehen,
weil sie nicht ihrerseits von W. angegriffen wurde.
Dieser Konflikt ist auf eine Regelverletzung der Leitung zurückzuführen. Eine Zurechtweisung von TeilnehmerInnen bleibt nicht
ohne Folgen. W. hat mit seiner Intervention dafür gesorgt, daß die
Botschaft "Ihr seid Kinder" nicht ungeklärt im Raum stehen bleibt.

## 10.6  Was kann die Leitung tun, wenn TeilnehmerInnen an ihre Leistungsgrenze kommen?

Frau W., 55 Jahre alt, ist Teilnehmerin in einem Seminar, das vermittelt, wie Texte so formuliert werden können, daß sie bei den Le-
sern Interesse wecken. Sie ist schon seit vielen Jahren jounalistisch
bei einer kleinen Verbandszeitung tätig.
Frau W. äußert am zweiten Tag in der abendlichen Auswertungsrunde, daß sie sehr verwirrt ist und es ihr schwer fällt, sich für
die Übungen zu motivieren. Die Leitung greift die Lernhemmung auf:

*L.: Frau W., Sie haben vorhin geäußert, daß Sie verwirrt, durch-*
*einander und wenig motiviert sind, weiter zu üben. Können Sie*
*sagen, was Sie so verwirrt?*

*W.: Ich bin mit dem Arbeitsauftrag nicht zurechtgekommen. Ich glaube, es hat mit mir zu tun, daß ich das Ganze hier nicht verstehe.*

*L.: Sie haben sich mit der Aufgabenstellung schwer getan und fühlen sich irgendwie überfordert. Was möchten Sie mit mir klären?*

*W.: Eigentlich hat das nichts mit Ihnen zu tun. Ich habe solche Situationen öfter. Ich brauche manchmal länger bis ich etwas verstehe (hat Tränen in den Augen).*

*L.: Sie haben den Eindruck, daß das nicht an meiner Art der Vermittlung liegt, weil Sie solche Situationen schon öfter erlebt haben. Ich spüre, daß Sie das traurig macht.*

*W.: (weint) Ja, ich habe das Gefühl, daß ich schon zu alt bin, um das noch zu lernen.*

*L.: Es schmerzt Sie, solche Erfahrungen zu machen und Sie haben das Gefühl es nicht mehr zu schaffen? Was fällt Ihnen schwer?*

*W.: Was ich hier lerne ist etwas vollkommen Neues. Ich schreibe seit zehn Jahren die Texte für unsere Zeitung und habe jetzt das Gefühl, alles falsch gemacht zu haben.*

*L.: Sie sind ziemlich deprimiert, weil das, was Sie hier lernen, vieles von Ihrer Arbeit in Frage stellt.*

*W.: Ja, ich kann es jetzt nicht mehr so machen wie früher, aber das Neue kann ich auch noch nicht. Ich weiß jetzt gar nichts mehr.*

*L.: Es verunsichert Sie und Sie fühlen sich handlungsunfähig. Was brauchen Sie, damit Sie klarer sehen können?*

*W.: Ich möchte morgen nochmal an den Text gehen. Vielleicht muß ich einfach mal darüber schlafen. Ich bin sowieso so ausgelaugt, daß ich nicht gut etwas aufnehmen kann.*

*L.: Wie sollen wir uns vereinbaren?*

*W.: Wenn Sie Zeit haben, mit mir morgen nochmal den Text durchzugehen.*

*L.: O.k.*

In diesem Konflikt war zu Beginn noch nicht abzusehen, welchen Anteil die Leitung daran hatte. Ziemlich früh wurde klar, daß es hier nicht um einen Konflikt mit einer anderen Person ging, sondern daß Frau W. mit ihren inneren Normen konfrontiert war.

## 10.7 Die Leitung soll merken, was ich brauche (unausgesprochene Erwartungen an die Leitung)

In einem Seminar, in dem die TeilnehmerInnen sehr selbständig arbeiten, werden Pressetexte mit Hilfe einer Checkliste formuliert. Die fertigen Texte können dann mit anderen TeilnehmerInnen oder mit der Leitung durchgesprochen werden. Eine Teilnehmerin äußert am Abend ihre Unzufriedenheit über das Verhalten der Leitung. Sie fühlt sich durch die Leitung unterversorgt und nicht genügend im Blick gehalten. Die Leitung greift die Unzufriedenheit auf, um die Störung zu klären.

*L.: Frau H., Sie haben eben Ihre Unzufriedenheit mit dem Tag geäußert, können Sie mir konkret sagen, was Sie gestört hat?*

*H.: Ich war mit meiner Aufgabe, den Text zu formulieren, fertig und hätte Sie gebraucht, den Text mit mir durchzusprechen.*

*L.: Sie hatten Ihre Aufgabe erledigt und wollten mit mir den Text durchsprechen. Weshalb haben Sie mir das nicht gesagt?*

*H.: Ich habe hier gesessen und auf Sie gewartet.*

*L.: Sie sind davon ausgegangen, daß ich weiß, daß Sie mich brauchen. Wie kommen Sie dazu?*

*H.: Ich dachte Sie würden schon sehen, daß ich fertig bin.*

*L.: Ich hätte das sehen müssen und Sie sind ärgerlich auf mich, daß ich Sie nicht wahrgenommen habe mit Ihrem Bedürfnis.*

*H.: Ja*

*L.: Ich spüre die Erwartung von Ihnen, daß ich Sie gut versorgen muß und erkennen soll, wann Sie mich brauchen.*

*H.: Ja, ich finde, daß das Ihre Aufgabe ist.*

*L.: Ich kann verstehen, daß es Ihnen so geht, ich selbst tue mich je-*
*doch schwer mit Ihren Erwartungen  an mich, weil ich nicht*
*ahnen kann, wann Sie fertig sind. Können Sie das verstehen?*
*H.: Ja, ich hätte etwas sagen sollen.*
*L.: Ich wünschte mir genau das von Ihnen, daß Sie sagen, was Sie*
*brauchen.*

Frau H. hatte Erwartungen an die Leitung, die sie in der Situation nicht aussprach. Für die Leitung ist es wichtig, gut herauszuarbeiten, daß sie nur auf das eingehen muß, was deutlich an sie herangetragen wird und daß sie für unausgesprochene Wünsche nicht die Verantwortung übernimmt.

# 11. Spezielle Fragen

## 11.1 Wie zeigen sich Konflikte, wie kündigen sie sich an?

Konflikte fallen nicht aus heiterem Himmel über eine Gruppe, sondern kündigen sich meist im Vorfeld bei einzelnen in der Gruppe wie auch bei der Leitung durch Körpergefühle an. Kopfschmerzen, Magendruck, Herzklopfen, Schwitzen etc. sind solche Signale. In der Gruppe ist häufig ein Stimmungsumschwung spürbar, der sich unterschiedlich zeigen kann. Das Spektrum der Stimmungen kann von übertriebener Heiterkeit über aggressive Anspannung bis hin zur Lähmung reichen. Oft ist dann die Kommunikation im Team schwerfällig, in Kursgruppen wird das Plenum als lähmend, langweilig und stumpf erlebt. Die einzelnen hören sich nicht mehr zu oder kommentieren andere. Die vormals vorhandene Lebendigkeit der Gruppe ist verschwunden. Diese Situation ist vergleichbar mit der Ruhe vor dem Sturm.

Für die Leitung ist die Wahrnehmung dieser ersten Signale von besonderer Bedeutung, weil sie sich innerlich auf die nächste Phase im Gruppenprozeß einstellen und gelassener darauf zugehen kann. Die Signale machen deutlich, daß sich etwas in der Gruppe verändert. Es ist jedoch noch nicht deutlich, um was es geht. Transparent zu machen, was unter dem Stimmungswechsel liegt, bedeutet jedoch nicht, daß die Leitung den Konflikt benennen muß, es sei denn, sie selbst hat mit einzelnen in der Gruppe etwas zu klären, z.B. das Zuspätkommen, Widerstände gegen die Übungen u.a.

Die Aufgabe der Leitung besteht darin, bei der nächsten Teambesprechung oder der nächsten Auswertungsrunde im Kurs, den Teammitgliedern bzw. den KursteilnehmerInnen die Gelegenheit zu geben, ihre Konflikte oder Störungen zu benennen. Dies gelingt nach unserer Beobachtung leichter, wenn die Leitung das Plenum auflöst und in Dreier-Gruppen ein Gespräch darüber in Gang setzt, was im Moment die Aufmerksamkeit absorbiert, wie die einzelnen lernen können, was im Augenblick störend erlebt wird, was für den einzelnen zu klären ist. In der Dreier-Gruppe kann jeder überprüfen, ob die eigene Einschätzung der Situation und die Störung, die sie spüren, auch von anderen gesehen wird. Es fällt den einzelnen dann leichter, dies im Plenum auszusprechen. Die Leitung holt nach dem Austausch in Dreier-Gruppen von jedem einzelnen ein, wie er/sie für sich die Situation erlebt, was ihn im Moment stört, was er/sie klären will. Äußerungen in der Gruppe, die allgemein und nicht als persönliches Anliegen formuliert werden, muß die Leitung zurückweisen und die einzelnen bitten, in Ich-Aussagen ihre Situation zu beschreiben. Solche Äußerungen sind z.B. "hier in der Gruppe stimmt was nicht", oder „die Gruppe ist langweilig". Die Leitung fragt nach, „was stimmt für sie nicht?", „was ist ihnen langweilig?", „was wollen sie klären?"

Diese Vorgehensweise verhindert, daß einzelne sich über andere auslassen, an andere den Auftrag der Klärung delegieren oder normativ Veränderungen in der Gruppe einfordern. Wichtig ist in dieser Situation, daß von jedem in der Gruppe eine Orientierung darüber vorliegt, was ihn/sie an der Weiterarbeit, am Lernen hindert. Hat die Leitung ein genaues Bild darüber, wer was zu klären hat, kann sie die Störungen nacheinander wegarbeiten.

## 11.2 Vorboten für den ersten Konflikt

*Frau A. und Frau J. besuchen einen Meditationskurs. In der Anfangsphase gibt es eine Übung mit Materialien, mit denen jeder spielerisch-kreativ umgehen kann.*

*Frau A. nimmt sich ein Tuch, Frau J. eine Holzkugel. Frau J. probiert verschiedene Möglichkeiten mit der Kugel, Frau A. mit ihrem Tuch.*

*Die Holzkugel von Frau J. fällt mehrmals auf den Holzboden und macht "Krach". Frau A. beschwert sich mitten in der Übung darüber, daß sie sich nicht konzentrieren könne, wenn Frau J. so viel Lärm mache. Frau J. merkt, daß sie ärgerlich darüber wird und sagt: "Du beschränkst mir meine Kreativität."*

*In der Auswertung der Übung benennt Frau A. nochmal, daß sie sich wegen Frau J. nicht konzentrieren konnte.*
*Die Leitung greift die Störung nicht auf, unterstützt jedoch Frau A. in ihrem Bedürfnis nach Ruhe. Frau J. fühlt sich von der Leitung nicht in gleichem Maße unterstützt und erlebt sich als Störfaktor, den sie auch benennt.*
*Die Störung wird von der Leitung nicht aufgegriffen, sie wird liegengelassen.*

*Im Verlauf des Kurses tritt immer mehr Unzufriedenheit auf, bis schließlich von Frau A eine Übung verweigert wird und sie aus dem Kurs aussteigt.*

Aus der Beobachtung und Erfahrung dieser und vieler anderer Situationen zu Beginn eines Kurses lassen sich Gesetzmäßigkeiten ableiten, die der Leitung helfen, nicht einfach von Konflikten überrascht zu werden.

Meist kündigt sich mit der ersten kritischen Intervention von TeilnehmerInnen schon der Konflikt in der Gruppe an. Für die Leitung ist es hilfreich, möglichst früh die „Empfangsantennen" für Störungen zu aktivieren. Störungen, die in der Anfangssituation auftauchen, sind meist Störungen, die von außen mitgebracht wurden, oder die auf Regelverletzungen der Leitung zurückzuführen sind. Sie tauchen mit großer Sicherheit meist verstärkt wieder auf, wenn sie nicht sofort aufgegriffen und bearbeitet werden.

## 11.3 Jeder soll sich erst einmal "auskotzen"

Als in den siebziger Jahren ein offener Umgang mit Konflikten gesucht wurde, war es erst einmal befreiend, Aggressionen zuzulassen. Es wurde bis hinein in die Kindergärten experimentiert, und der Ausdruck von Aggressionen wurde positiv bewertet. Dahinter stand und steht die Hypothese, der Ausdruck von Aggressionen sei bereits heilend. Die Hypothese wird so begründet, daß unterdrückte Aggressionen besonders destruktiv sind. Diese Annahme ist sicher richtig, denn nichts wirkt so lähmend wie unbearbeitete Konflikte. Das freie Ausleben der angestauten Aggressionen hat jedoch eine sehr nachteilige Wirkung: Der andere wird weiter verletzt und der Konflikt deshalb meistens verschärft.

In manchen Teams und Beziehungen spielt es sich auch ein, daß die einen poltern dürfen und die anderen das erdulden.

Nach unseren Beobachtungen ist eine produktive Konfliktklärung dann möglich, wenn auf der einen Seite Ärger, Enttäuschung, Wut ihren Ausdruck finden und zugleich der Konfliktpartner nicht erneut verletzt wird. Entscheidend dafür ist die Formulierung, wie Ärger, Wut und Enttäuschung ausgedrückt werden. Wenn das strikt in Ich-Aussagen geschieht, wirkt das nicht verletzend. Damit wird erreicht, daß ich meine Wut und Enttäuschung vom anderen löse. Statt "es ist absolut ätzend, wenn Du...", heißt es in Ich-Aussagen: "Ich werde jedesmal wütend, wenn..."

Diese geringfügige Veränderung der Wortwahl hat für die Konfliktklärung weitreichende Folgen. Der Angegriffene muß sich nicht mit sich, mit dem was er falsch gemacht hat, auseinandersetzen, sondern mit den Emotionen des anderen, der sich beeinträchtigt fühlt. Er muß sich nicht verteidigen und kann sich deshalb leichter auf eine Konfliktbearbeitung einlassen.

## 11.4 Darf die Leitung Gefühle äußern?

Konflikte werden von den Beteiligten auf der Gefühlsebene wahrgenommen. Es sind sogar zuerst Körpersignale, die darauf hinweisen, daß sich im Team, in der Kursgruppe etwas ändert. Man kann sich mit großer Sicherheit an den eigenen Körperreaktionen orientieren und dadurch frühzeitiger Konflikte wahrnehmen.

Die Leitung ist darauf angewiesen, daß die Konfliktpartner den Konflikt anmelden. Da die extravertierten Persönlichkeitstypen diese Aufgaben übernehmen, muß die Leitung ihre Gefühle nicht ausdrücken, um so den Konflikt offenzulegen. Wenn das aber nicht passiert, ist die Leitung nicht gezwungen, auf ihren unguten Gefühlen sitzen zu bleiben. Sie kann im Blitzlicht und in Auswertungsrunden offen sagen, wie sie empfindet. Entscheidend sind auch hier Ich-Aussagen. Eine Formulierung wie: "Ich spüre, daß in der Gruppe ein Konflikt ist", erzeugt in der Gruppe Druck. Die Gruppe fühlt sich pauschal angegriffen und kann der Konfliktklärung ausweichen, indem sie in Opposition zur Leitung geht. Es ist also ein großer Unterschied, im Blitzlicht als Leitung zu sagen: „Ich spüre eine angespannte Stimmung, ich fühle mich unwohl, mir macht die Stimmung zu schaffen" oder eine Diagnose zu formulieren und damit über andere etwas zu sagen, wogegen sich diese wehren müssen.

Die Leitung kann wie jedes andere Gruppen- bzw. Teammitglied einen Konflikt mit jemandem in der Gruppe anmelden. Das ist nach unseren Erfahrungen die letzte Möglichkeit, eine länger andauernde "miese" Stimmung anzugehen bzw. die Machtposition eines Team- bzw. Gruppenmitgliedes infrage zu stellen, wenn sich sonst niemand traut. Das ist erfahrungsgemäß dann notwendig, wenn Macht durch Rückzug, Verzögerung von Übungen, Wertungen in Nebensätzen, Verbreitung schlechter Laune, ausgeübt wird.

So sollte die Leitung z. B. auf Wertungen in Nebensätzen reagieren:

*TN.: Ich habe heute an meinen Lernzielen arbeiten können. Ich meine aber auch, in der Gruppe sollten sich alle einer größeren Wertschätzung befleißigen.*

*L.: Ich höre, daß es Ihnen um Wertschätzung geht. Ich finde es wichtig, daß Sie sagen, ob das auch etwas mit Ihnen zu tun hat.*

*TN.: Nein, sicherlich nicht. Ich wollte das nur mal so sagen.*

*L.: Und wer soll sich Ihren Appell „anziehen"? Bin ich auch gemeint?*

*TN.: Nein. Mir ging es um die Situation heute Nachmittag in der Kleingruppe.*

*L.: Was würden Sie gerne klären?*

Die sofortige Reaktion der Kursleitung auf die Wertaussage erscheint ungewöhnlich, sie ist jedoch unerläßlich, denn sonst hängt der Appell "größere Wertschätzung zu pflegen" wie ein Vorwurf in der Luft. Das ist in religiösen Gruppen häufig zu beobachten und führt zu der eigenartigen „sauertöpfischen" Ausstrahlung in diesen Gruppen. Neuerdings wird diese Form der Machtausübung auch als Betroffenheitssyndrom stilisiert.

Fühlt sich die Leitung durch die Verweigerung von Übungen, zur Schau getragenen Mißmut u.ä. beeinträchtigt, kann sie das durchaus ansprechen:

*"Mir macht es etwas aus, daß Sie schon zwei Tage sehr unzufrieden auf mich wirken, ohne zu sagen, was los ist."*

*"Ich tue mich schon schwer damit, wenn Sie überhaupt nicht üben. Ich fürchte, daß Sie in der Schlußrunde des Kurses mir dann vorhalten, Sie hätten nicht das gelernt, was Sie lernen wollten."*

*"Ich kann schwer damit umgehen, wenn ich in Ihren Rückmeldungen einen Vorwurf heraushöre."*

Diese Interventionen sollten sorgfältig in Ich-Aussagen formuliert sein, damit das Interesse der Leitung deutlich wird und nicht als Predigt oder moralischer Appell auf die Gruppe, das Team herniedergeht. Das Interesse der Leitung ist, daß die Atmosphäre im Team, in der Gruppe klar bleibt, so daß sie sich orientieren kann und daß einzelne nicht durch Wertungen, Vorwurfshaltungen und das Verbreiten schlechter Stimmung Macht ausüben. Mit der Leitung sind viele Aufgaben verbunden, aber sicher nicht, alles aushalten zu müssen.

Ein letztes: Die Gruppe, das Team will sich an der Leitung orientieren. Das kann sie am besten, wenn die Leitung auf der Gefühlsebene deutlich wahrnehmbar ist und dafür sorgt, daß auf dieser Ebene Unklarheiten angesprochen und ausgeräumt werden.

## 11.5  Wie lange dauert die Konfliktphase?

Ist eine Gruppe in ihre Konfliktphase eingetreten und werden die
Konflikte aufgegriffen und bearbeitet, läßt sich beobachten, daß meist
mehrere im Team oder der Gruppe Klärungen anmelden. In diesen
Klärungen geht es fast immer um die Normen in der Gruppe, die
Machtverteilung und um die Sicherheit, einen Platz in der Gruppe zu
haben. Erst wenn für alle geklärt ist, woran sie sich verbindlich halten
können, wenn jeder darüber Orientierung hat, ob alle gleichermaßen
berücksichtigt werden, und wenn es für jeden in der Gruppe Akzeptanz gibt, ist diese Phase vorerst abgeschlossen. Das kann bedeuten,
daß jeder im Team oder der Gruppe eine Klärung anmeldet. Allerdings zeigen die Erfahrungen, daß häufig Dinge von einzelnen angesprochen und zur Klärung gebracht werden, die auch für andere in der
Gruppe wichtig sind. Für die anderen besteht dann nicht mehr die
Notwendigkeit, dies auch noch ansprechen zu müssen. Grundsätzlich
läßt sich das Ende der Konfliktphase daran erkennen, daß es einen
spürbaren Stimmungswechsel gibt, daß die Gruppe motiviert ist, "an
die Arbeit" zu gehen, und daß vielfältige Kooperationen untereinander möglich sind.

## 11.6  Was muß verbalisiert werden?

**Verbalisieren:**
Im Konfliktgespräch heißt Verbalisieren: die Gefühle und deren Ursache mit eigenen Worten, ohne Bewertung oder Interpretation zu
formulieren. Die Wiedergabe soll kurz sein und die Sache, um die es
geht, und die Gefühlsdimension "auf den Punkt" gebracht werden.

**Offene Fragen:**
Offene Fragen sind W-Fragen z. B.: Wie siehst du das? Was geht in
dir vor? Wie kommst du dazu? Welche Erfahrungen hast du? etc.

Sie werden benötigt, um den Gesprächsverlauf weiterzuführen und an die Wurzel des Konfliktes zu kommen.

Ob ein Konfliktgespräch gelingt, ist abhängig davon, ob die Konfliktpartner verstehen, welche Gefühle beim anderen ausgelöst wurden/werden. Die Moderation hat die Aufgabe, diese Gefühle (mit offenen Fragen) herauszuarbeiten, die Ursache dafür zu erfragen und diese Gefühle und deren Ursache zu verbalisieren. Nun läßt sich häufig beobachten, daß es den Konfliktpartnern schwer fällt, ihre Gefühle preiszugeben. Sie handeln die Probleme auf der Sachebene ab und lassen das, was sie selbst dabei betrifft, gerne außen vor. Die Klärung auf der Sachebene, ohne die Gefühle herauszuarbeiten, führt jedoch meist zu einem gegenseitigen Schlagabtausch, der nicht weiterführt und bei dem es lediglich darum geht, wer von beiden recht behält. Auf der Sachebene werden nur die unterschiedlichen Sichtweisen und Wahrnehmungen deutlich, die für jeden auch stimmen mögen, weil jeder das Problem auf seinem eigenen selektiven Hintergrund sieht. Die Gefühle bei den Konfliktpartnern haben einen realen, aktuellen Wert. Sie sind häufig mit einer Verletzung verbunden und lassen sich über die Sachebene nicht wegreden. Um sie zu entspannen, müssen sie ausgesprochen und vom anderen verstanden werden. Erst dann wird eine Gesprächsebene erreicht, auf der sich die Konfliktpartner begegnen können. Dieser Aufgabe sollte die Moderation gerecht werden, indem sie die Gefühle und deren Ursache verbalisiert.

## 11.7  Was tun, wenn der Konflikt auf der Stelle tritt?

Manchmal läßt sich beobachten, daß das Gespräch nicht weiter geht, die Konfliktpartner hängen bleiben und auch offene Fragen nichts Neues ans Licht bringen. Es entsteht der Eindruck, daß die Konfliktpartner um den heißen Brei reden.
Es kann sein, daß sich die Konfliktpartner nicht weiter vor trauen, oder einfach noch nicht in der Lage sind, das "Eigentliche" ihres

Konfliktes zu benennen. In dieser Situation ist es sinnvoll, den Ist-Stand zu verbalisieren, durch eine Zusammenfassung die wichtigsten Punkte des Konfliktes zu markieren und eine Vereinbarung zu treffen, wie weiter vorgegangen werden soll. Die Verantwortung, wie weit die Konfliktpartner die Schwierigkeiten, die sie mit dem anderen haben "auspacken", liegt nicht bei der Moderation, sondern bei den Gesprächspartnern selbst. Deshalb kann die Moderation nur soviel leisten, wie die Gesprächspartner bereit sind sich gegenseitig zu sagen. Natürlich sollte sich die Moderation verantwortlich dafür fühlen, daß eine Verstehensebene zwischen den Konfliktpartnern möglich wird, die größtmögliche Offenheit zulassen kann.

Für die Moderation gibt es auch die Möglichkeit, die Situation des Konfliktgespräches und die Befindlichkeit der Konfliktpartner selbst anzusprechen, wenn sich in der Konfliktklärung der Konflikt reproduziert (s.o. Kap. 10.2).

## 11.8 Abgrenzung zur Therapie

Die Unterschiedlichkeit unter uns Menschen, die Suche nach der eigenen Identität und das Grundbedürfnis, "da sein zu dürfen mit dem was ich bin", legen Konflikte im Miteinander an. Konflikte gehören zum normalen Alltag, in dem sie als Normalität angesehen und ernst genommen werden wollen. Ein funktionierendes, ehrliches soziales System in der Familie, in Gruppen, Teams und in der Gesellschaft gelingt nur, wenn Konflikte nicht unter den Teppich gekehrt werden, d.h. wenn sie im Jetzt, Hier und Heute angesprochen und da bearbeitet werden, wo sie auftreten.

Hier sind wir auch schon bei der Unterscheidung zur Therapie. In der Therapie geht es oft darum, eigene Verhaltensweisen aus der Vergangenheit heraus verstehen zu lernen, Wiederholungen von Kindheitsmustern zu bearbeiten, sich in der eigenen Psyche mehr zu Hause zu fühlen.

In der Konfliktbearbeitung geht es nicht um die Aufarbeitung von Kindheitserfahrungen, sondern darum, verstehen zu lernen, daß bestimmte Verhaltensweisen, wo immer sie auch ihren Ursprung haben mögen, im Umgang mit anderen zu Störungen führen, daß sie Gefühle bei anderen auslösen, die Kommunikation, das Leben und Arbeiten miteinander unter Spannung setzen.

Natürlich haben frühe Kindheitserfahrungen prägende Anteile, auch Projektionen spielen eine Rolle, die jedoch in der Konfliktbearbeitung nur dann gestreift werden, wenn die Konfliktpartner selbst darauf zurückgreifen.

In der Konfliktbearbeitung wird die aktuelle Störsituation aufgegriffen und anhand dieser die Gefühle und Verletzungen angesprochen, damit die Konfliktpartner verstehen können, welche Folgen das eigene Verhalten auf andere hat, wie anders der/die andere die Situation erlebt. Es geht nicht darum, den anderen ändern zu müssen, sondern um die Transparenz dessen, was in der Interaktion zwischen den Konfliktpartnern schwierig ist und zu lernen, dieses auch auszusprechen. Es wird mit den Konfliktpartnern weiter daran gearbeitet, die jeweiligen eigenen Anteile zu erkennen, weil im Konflikt meistens beide etwas dazu beitragen, daß es miteinander nicht funktioniert. Neue Vereinbarungen, wie sich jeder der Konfliktpartner in zukünftigen ähnlichen Situationen verhalten kann, sollen helfen, den Alltag bewußter zu leben. Langfristig ermöglicht die Konflikbearbeitung persönliche Entwicklungschancen, neue Kommunikationsmöglichkeiten, größere Offenheit und mehr persönliche Freiheit.

Wenn Konfliktpartner in der Bearbeitung eines Konfliktes ihre persönliche Vergangenheit berühren und spüren, daß dort ein Schlüssel für ihr Verhalten liegt, kann der therapeutische Weg sinnvoll sein.

## 11.9 Konfliktpartner geht nicht auf Klärung ein

Welche Möglichkeiten bestehen, wenn Konfliktpartner die Bearbeitung oder Klärung verweigern, sich entziehen?

Derjenige, der einen Ärger, eine Enttäuschung nicht klären kann, weil der Konfliktpartner sich entzieht, erlebt sich als "draufgesetzt", ist zunächst handlungsunfähig und fühlt sich ohnmächtig, an der Situation, die belastet, etwas ändern zu können.

*Beispiel:*
*In einer Fortbildungsgruppe mit Führungskräften zu dem Thema "Schwierige Gesprächssituationen im Team" gerät nach zwei Tagen eine Managerin in einen Konflikt mit der Leitung des Seminares. Es geht darum, ob die Leitung Gefühle, insbesondere Ärger, äußern darf. Die Managerin steht auf dem Standpunkt, daß sich das für eine Führungskraft nicht ziemt. Sie ist der Auffassung, daß Führungspersonen ihre emotionale Betroffenheit nicht äußern dürfen, weil die Leitung "darüber stehen sollte". Sie spricht der Trainingsleitung, die ihrem Ärger Ausdruck verliehen hat, die Kompetenz ab, Konflikte bearbeiten zu können. Sie hat sich emotional unter Kontrolle. Sie ärgert sich über das Verhalten der Leitung, greift die Leitung an und macht sie mit zynischen Bemerkungen vor der ganzen Gruppe lächerlich. Sie bedient sich einer "beherrschten" Form, ihren Ärger loszuwerden, bewertet und beurteilt den anderen. In diesem Konflikt geht es um die Widersprüchlichkeit ihres Verhaltens. Sie ärgert sich, gesteht sich jedoch diese Gefühle nicht ein und agiert mit verbalen Verletzungen.*
*An diesem Konflikt wird gearbeitet, jedoch kann oder will sie nicht verstehen, welche verletzenden Mittel sie benutzt, ihren Ärger auszuagieren. Sie reist am nächsten Morgen ab, ohne sich von der Gruppe zu verabschieden.*
*Diese Abreise hinterläßt in der Gruppe eine diffuse Stimmung, die verhindert, daß die Gruppe ihre Aufmerksamkeit auf den Lerninhalt lenken kann.*
*Die Leitung greift mit einem Stimmungsbild die Situation auf.*
*Es werden unterschiedliche Befindlichkeiten von Ärger, Unlust, Schuldgefühlen und Unverständnis genannt. Diese müssen aufgearbeitet werden, damit die Gruppe wieder arbeitsfähig ist. Die verschiedenen Stimmungen werden nacheinander bearbeitet. Die*

*Leitung sorgt dafür, daß nicht die abgereiste Person zum Thema wird, sondern der persönliche Anteil des Einzelnen und seine momentane Stimmung herausgearbeitet wird, damit für jeden Entlastung und Distanz zu dem zurückgelassenen, nicht mehr zu klärenden Konflikt möglich wird.*

Hier wird deutlich, daß diejenigen, die sich einer Klärung des Konfliktes entziehen, das Problem einerseits selbst ungeklärt mitnehmen, andererseits der Gruppe einen Ballast hinterlassen, der die Gruppe lähmt und der mit Hilfe der Leitung erst weggearbeitet werden muß, bevor es weiter gehen kann. Die Leitung hat in dieser Situation die Aufgabe, jedem einzelnen in der Gruppe die Möglichkeit zu geben, sich von den emotionalen Rückständen des liegengebliebenen Konfliktes zu befreien.

## 11.10 Welche Konflikte können die Konfliktpartner außerhalb der Gruppe selbst klären?

Unsere Beobachtungen zeigen, daß Störungen, die ein einzelner in einer Gruppe benennt, häufig eine Stellvertreterfunktion für andere haben. Das bedeutet konkret, daß der- oder diejenigen, die eine Störung benennen, etwas spüren, das nicht in Ordnung ist. Meist geht es um Normen, Regeln und die Art und Weise des Miteinanders in der Gruppe. Es sind oft die Aktiven, die aufmerksamen Beobachter und die, die eine Antenne für Stimmungen in der Gruppe haben. Sie reagieren im eigenen Interesse, weil sie für sich etwas klären wollen, jedoch können sich meist andere in der Gruppe dem Anliegen innerlich anschließen, ohne selbst aktiv werden zu müssen. Sie lassen in solchen Situationen für sich arbeiten, weil sie von der Aktivität derer, die mit einer Störung einsteigen, profitieren. Wir können davon ausgehen, daß jeder, der im Plenum etwas anmeldet, auch in der Gruppe etwas will. Von daher sind solche Störungen immer auch in der Gruppe zu klären, weil sie meist jeden betreffen, auch wenn er/sie es nicht selbst formuliert.

Grundsätzlich gilt auch, daß jeder Konflikt, den ein Teilnehmer oder ein Teammitglied mit der Leitung hat, in der Gesamtgruppe geklärt werden muß, da es in diesen Konflikten meist darum geht, wieviel Macht man der Leitung zugestehen will (siehe auch Machtkampfphase in Gruppen, Kap. 4).

In der Machtkampfphase ist es unabdinglich, die Konflikte, die in der Gruppe entstehen, auch in der Gesamtgruppe zu klären, weil sich in dieser Phase neue Spielregeln und Umgangsformen in der Gruppe entwickeln und jeder seinen Platz in der Gruppe einfordern und neu finden muß.

Konflikte, die Teilnehmer untereinander haben, weil sie sich privat oder in der Freizeit zerstritten haben, interessieren eine Gruppe selten. Deshalb sollten solche Konflikte, die nicht in der Gruppe entstanden sind, außerhalb der Gruppe geklärt werden, es sei denn, die Beteiligten und die Gruppe signalisieren das Anliegen, diesen Konflikt in der Gruppe klären zu wollen.

## 11.11    Was geschieht mit der Gruppe, wenn zwei etwas klären?

Zu beobachten ist, daß im Verlauf einer Konfliktbearbeitung die Gruppe manchmal ganz unruhig wird. Einzelne würden gerne etwas zu dem Konflikt sagen, den einen oder anderen Konfliktpartner unterstützen. Andere werden unruhig, weil das Gespräch so schleppend verläuft. Wieder andere reagieren auf Aussagen der Konfliktpartner mit Ärger und stehen unter Druck. Die Moderation darf sich in dieser Situation nicht aus der Ruhe bringen lassen, sondern sollte der Gruppe eine Orientierung darüber geben, was im Anschluß an dieses Konfliktgespräch mit den augenblicklichen Bedürfnissen und Gefühlen der anderen Teilnehmer geschehen kann. Sie sollte jedoch keine Intervention aus der Gruppe zulassen, sondern in Aussicht stellen, daß das, was jetzt so drängt, im nächsten Schritt, nach Beendigung des Konfliktgespräches, geklärt werden kann. Es bedarf einer Zeitbegrenzung für das Konfliktgespräch, über die die Gruppe informiert sein muß.

Weshalb sollen aber Interventionen aus der Gruppe unterbunden werden?

Die Konfliktbearbeitung in einer Gruppe sollte möglichst immer nur zwischen zweien stattfinden, da die Moderation zwischen mehreren Personen extrem schwierig ist. Das verlangt von dem Rest der Gruppe Aufmerksamkeit und Geduld, weil diejenigen, die zuschauen müssen, nicht aktiv werden können. Läßt die Leitung zu, daß sich Dritte in den Konflikt einmischen, hängen sich Neueinsteiger lediglich an den Konflikt eines anderen an, ohne das eigene Anliegen selbst formulieren zu müssen. Sie "springen auf fahrende Züge" und brauchen nie die Kraft aufbringen, die für eine Konfliktklärung notwendig ist. Für den Energieausgleich in einer Gruppe ist es aber wichtig, daß jeder lernt, seine/ihre Belange zu formulieren und eigene Energiereserven dafür einzusetzen.

Es spricht auch gegen das Einsteigen Dritter, daß sich dann mehrere auf die Seite des einen Konfliktpartners stellen und der andere zum Sündenbock der Gruppe abgestempelt wird. Es ist günstiger, nach Abschluß einer Konfliktbearbeitung ein Blitzlicht durchzuführen, damit jeder einzelne in der Gruppe sagen kann, wie es ihm jetzt geht und was für ihn noch zu klären ist. Das entlastet die aufgestauten Spannungen und gibt Orientierung über das Befinden der Gruppenmitglieder und über die noch zur Klärung anstehenden Konflikte. Im Blitzlicht muß die Leitung gut darauf achten, daß die Teilnehmer nur von ihren momentanen Gefühlen sprechen und nicht anfangen, den Ablauf des Konfliktgespräches zu kommentieren oder bestimmte Äußerungen der Konfliktpartner zu analysieren.

## 11.12    Wann und wie wird ein Konfliktgespräch beendet?

Nicht immer gelingt es, in dem vorgegebenen Zeitrahmen von 45-60 Minuten alles zu klären. Weil die Konzentration aller Beteiligten nachläßt, sollte der Ist-Stand zusammengefaßt werden und mit den Konfliktpartnern eine Vereinbarung für ein weiteres Gespräch getroffen werden. Zu beachten ist, daß die geklärten wie auch noch nicht geklärten Punkte festgehalten werden, damit sich das nächste Gespräch organisch anknüpfen läßt.

## 11.13    Warum bleiben Konflikte liegen?

In vielen Teams und Gruppen werden Konflikte über Jahre mitgeschleppt. Sie beeinträchtigen die Effektivität der Arbeit, die Motivation und die persönliche Weiterentwicklung der einzelnen, sowie die Perspektiven des Teams, der Gruppe. Häufig ist es Angst und Unsicherheit, die verhindern, daß das, was stört, angesprochen wird. Bei der Leitung ist es die Unsicherheit, ob das Ansprechen der Störungen die Konflikte überhaupt löst, ob sie sich nicht sogar verschärfen und zum Zerfall des Teams, der Gruppe führen, ob man sie lieber erst gar nicht anspricht, damit das Klima nicht noch schlechter wird. Auch tauchen Fragen auf, wie Konflikte aufgegriffen und bearbeitet werden können und was das Ergebnis einer Konfliktbearbeitung sein kann.

Bei TeilnehmerInnen oder Teammitgliedern ist es meist die Unsicherheit, ob ihr Unmut in geeigneter Weise von der Leitung aufgegriffen werden kann, ob man der Leitung zutrauen kann, daß sie neutral bleibt, ob sich die eigene Position durch das Ansprechen von Störungen nicht verschlechtert, ob man aus der Gruppe fällt. Auch gibt es die Norm, "Bei uns gibt es keine Konflikte", also werden sie auch nicht angesprochen (s.a. Kap. 5.1) sowie die Unterstellung, „Wer Konflikte hat, hat persönliche Probleme, die gehören hier nicht hin". Auch strahlen manche Leitungen die Botschaft aus: "Macht mir das

Leben nicht so schwer, verschont mich von euren Konflikten". Aber auch Teammitglieder oder KursteilnehmerInnen können die Botschaft schicken: "Bitte zieht mich nicht in einen Konflikt, ich bin nicht belastbar". Darüberhinaus gibt es in manchen Gruppen eine Betroffenheitskultur, die verhindert, daß Konflikte realistisch angegangen werden. Manche Teams stehen auch im ständigen Konflikt mit ihrer Institution und deren Repräsentanten. Das mag in vielen Fällen auch eine Vermeidungsstrategie sein, um internen Konflikten im Team auszuweichen.

Normen, Unsicherheiten der Leitung sowie der Team- und Gruppenmitglieder verhindern, daß Störungen offen angesprochen und bearbeitet werden. Da jedoch der Unmut nicht verlorengeht, muß er sich über Sachkritik, Rivalität, Cliquenbildung und Intrigen Ausdruck verschaffen. D.h., daß Konflikte dann im Untergrund ihr Unwesen treiben und hinter dem Rücken der anderen geredet wird. Emotionale Verfilzung und Cliquenkämpfe sind die Folge.

# 12. Entwicklung der eigenen Konfliktfähigkeit

Auf Konflikte reagieren wir je nach der Dynamik unseres Charakters unterschiedlich (s. Kap.2). Wahrscheinlich haben wir unsere Reaktionsmuster als Kinder ausgebildet, um mit den Anforderungen unseres familiären Umfeldes fertig zu werden. Sind wir aber Gefangene unseres Musters? Gibt es keine Möglichkeiten der Veränderung, keine Entwicklungschancen?

Abfinden müssen wir uns wohl mit der Struktur unseres Charakters. Die einen werden auf Unstimmigkeit in ihrem sozialen Umfeld losgehen, Konflikte auf den Tisch bringen, Kritik anmelden, Fehler benennen. Die anderen bleiben bei ihrem Grundimpuls, sich bei aufkommenden Spannungen zurückzuziehen, abzuwarten, bis der Sturm vorüber ist. So unterschiedlich die Verhaltensmuster sind, so ähnlich sind die Ängste, nämlich mit der Situation nicht fertig zu werden, von den Spannungen beeinträchtigt, aus der Bahn geworfen zu werden. Die einen erleben das als Aufforderung zu kämpfen, die anderen spüren den Impuls, den Spannungen auszuweichen. Für beide Muster geht es darum, mit Spannungen angstfreier umzugehen, d.h. für die extravertierte Aggressivität, die Spannungen nicht explosionsartig abzubauen, sondern die eigenen Emotionen dosierter zu äußern. Auf diese Weise können die aggressiven Charaktertypen ihre Begabung nutzen, Spannungen aufzugreifen und Konflikte aktiv anzugehen. Sie können zugleich lernen, die destruktiven Anteile ihres Energiepotentials zu domestizieren und so andere weniger zu ängstigen. Für die Rückzugstypen kommt es darauf an, die Spannungen wahrzunehmen, die Konflikte nicht zu übergehen. Dies ist deshalb unerläßlich, weil überdeckte Konflikte eine immer stärkere Wirkung entfalten, immer unberechenbarer werden. Nach unseren Beobachtungen handeln sich diejenigen die massivsten und schwerwiegendsten Konflikte ein, die Konflikten am konsequentesten aus dem Wege gehen.

Leitung wird dann neutralisiert, wenn sie sich weigert, die Konfliktenergien zu steuern, bzw. wenn sie ihr eigenes Aggressivitätspotential immer mehr verstärkt, so daß sie als Leitung alle Konfliktenergien auf sich zieht. Die Folge ist, daß sich niemand mehr im Team, in der

Gruppe mit den eigenen Anteilen am Konflikt auseinandersetzen muß, sondern alle Probleme der Leitung anlastet. Das andere Extrem, die Konflikte laufen zu lassen und sich selbst gegenüber den Konfliktenergien im Team bzw. der Gruppe abzuschirmen, führt zu Lähmung bzw. zu sich befehdenden Cliquen, die sich bald nicht mehr um die Leitung scheren.

Die Extreme zeigen die Notwendigkeit von Entwicklung. Sie besteht nicht zuletzt darin, mit den eigenen Energien produktiver umzugehen und die Energien in der Gruppe zu strukturieren.

Die Entwicklungsmöglichkeiten, die sich im Umgang mit Konflikten eröffnen, werden im folgenden für die extravertierten Typen bzw. die Rückzugstypen getrennt beschrieben. Zuerst werden Beobachtungen zusammengestellt, die einen allgemeineren Aussagewert haben.

---

**1. Ich habe in der Leitung meist nur mit Konflikten zu rechnen, deren Steuerung die Team- bzw. Gruppenmitglieder mir zutrauen.**
**Die einzelnen legen nur solche Konflikte auf den Tisch, deren Bearbeitung sie für möglich halten.**

---

Die in Trainer- und Supervisorenkreisen häufig beschriebene Gefahr, eine Konfliktbearbeitung könne allzu leicht Tiefenschichten nach oben bringen, so daß die einzelnen nicht mehr aufgefangen werden könnten, sind eher Schreckgespenster und typische Strategien, Teammitglieder bzw. KursteilnehmerInnen für unmündig zu erklären.

Viel häufiger ist zu beobachten, daß in Supervisionen oder Trainings Konflikte durchaus angemeldet werden, die Leitung aber darüber hinweggeht.

Häufig ist auch folgende Einschätzung zu hören:
Die Gruppe, das Team ist noch nicht soweit, an die Probleme, an die liegengebliebenen Konflikte heranzugehen.
Eine solche Aussage bedeutet meist, daß der/die SupervisorIn, TrainerIn sich noch nicht an die Sache herantraut, denn:

**2.** Wer einen Konflikt anmeldet, wer überhaupt einzeln oder als Team sich einer Supervision oder einem Training unterzieht, will etwas klären, sich schwierigen Fragen stellen. Die Frage ist nur, ob die Leitung, der/die SupervisorIn, TrainerIn bereit ist, mit dem Team oder einzelnen den schwierigen Prozeß zu gehen.

Für die Leitung ist die Anmeldung einer Spannung, eines Konfliktes nicht nur eine Orientierung, daß jemand etwas klären will, sondern auch die Sicherheit, daß dieser Energien einbringen wird, das Problem, die Barriere, die das Team, die Gruppe hindert, zu überwinden. Schwierig sind nur solche Team- bzw. Gruppenmitglieder, die ein Problem anmelden, dann aber wieder zurückziehen, etwa mit der Bemerkung, es sei doch nicht so schlimm oder die Sache sei noch nicht reif, geklärt zu werden (s Kap. 6.4). Das Problem liegt jetzt im Raum und es besteht der unausgesprochene Auftrag, jemand anderes soll sich des Problems annehmen. Derjenige, der das Problem benannt bzw. angedeutet hat, übernimmt nicht die Verantwortung, den Lösungsprozeß in Gang zu setzen. Ein solches Verhalten ist jedoch nicht die Regel. Vielmehr kann sich die Leitung darauf verlassen, daß derjenige, der ein Problem anmeldet, dies nicht tut, um das Team, die Gruppe hinzuhalten.

Ob jemand ein Problem, einen Konflikt anmeldet, ist abhängig von dem Vertrauen, das er entwickeln konnte. Auch hier kann sich die Leitung auf die Teammitglieder bzw. TeilnehmerInnen von Kursen verlassen.

**3.** Die Leitung kann davon ausgehen, daß solche Störungen und Konflikte angemeldet werden, deren Bearbeitung für möglich gehalten wird. Die Teammitglieder und TeilnehmerInnen schätzen unbewußt ein, ob die Leitung den Konflikt verstehen und die Konfliktenergien managen kann.

An den Reaktionsweisen der Leitung können die einzelnen ablesen, inwieweit diese sich auf eine Konfliktklärung einläßt, in welchem Umfang die Leitung Ängste entwickelt oder ob Konflikte für die Leitung lästig, etwas Unnötiges, nicht Angebrachtes sind. Vor allem für Kurse, weniger für feste Teams, gilt, daß die Leitung bestimmt, indem sie den Raum mehr oder weniger weit eröffnet, welche Konflikte auf den Tisch gelegt werden können. Vertrauen muß sich nicht nur im Hinblick darauf entwickeln, daß und welche Konflikte "zugelassen" sind, sondern:´

---

**4. Die Leitung kann und muß auch Vertrauen dahingehend aufbauen, daß Konflikte fair verhandelt werden, daß also nicht der ins Unrecht gesetzt wird, der sich traut, eine Störung anzusprechen oder daß der, der angegriffen wird, sich des Schutzes der Leitung beraubt sieht.**

---

Den Umgang mit Konflikten kann man lernen. Es geht um bestimmte Verfahren, die in Kap. 9 beschrieben werden (in Ich-Aussagen reden, dem Konfliktpartner vermitteln, daß und welche Gefühle den anderen bewegen, diese Gefühle verbalisieren, Anerkennung dafür anfragen, daß der andere sich so fühlt ...). In der Anwendung dieser Verfahren, der Gesprächsstrategien, liegen weitere Entwicklungsmöglichkeiten:

## 12.1 Entwicklung der sprachlichen Fähigkeiten

Konfliktmoderation heißt für die Leitung, immer besser mitzubekommen, was den, der die Störung anmeldet, bewegt, wie sein Erleben genau zu beschreiben ist. Je besser sich der, der einen Konflikt spürt, von der Leitung verstanden fühlt, desto eher kann er ruhig werden und sich konstruktiv an der Bearbeitung des Konfliktes beteiligen. Damit der einzelne sich verstanden fühlt, muß die Leitung eine sensible Sprache entwickeln und vor allem die Konfliktpartner dahin lenken, in Ich-Aussagen zu sprechen und nicht den Konfliktpartner anzugreifen bzw. zu bewerten.

## 12.2 Entwicklung des Verhaltensrepertoires

Wer sich auf Konfliktbearbeitung einläßt, fühlt sich erst einmal wie in einem Gewitter oder auf stürmischer See. Es entwickelt sich jedoch schnell ein Gefühl für die Energien, die in die Konfliktsituationen fließen. Diese zu steuern und nur dosiert zuzulassen, ist eine entscheidende Aufgabe, die man mit zunehmender Erfahrung immer besser löst. Vor allem ist es wichtig, sich nicht auch nur eine zehntel Sekunde lang die Leitung aus der Hand nehmen zu lassen. Was für Diskussionen und Konferenzen zu beachten ist, gilt für die Leitung eines Konfliktgespräches noch mehr: Die Leitung darf in keiner Sekunde dem Gespräch freien Lauf lassen, sondern muß jede Aussage verbalisieren und dem jeweils anderen Konfliktpartner vermitteln. Ansonsten kippt das Gespräch in gegenseitige Anschuldigungen um. Auch deshalb ist die Regel, in Ich-Aussagen zu sprechen, so wichtig. Was man in der Leitung entwickeln kann, ist die Fähigkeit, nur soviel Konflikt-Energie zuzulassen, wie verarbeitet werden kann. So kann das Konfliktpotential Stück für Stück abgebaut werden, ohne daß unter der Hand die Konfliktbearbeitung zur Konfliktverschärfung führt. Letzteres passiert leider zu oft, weil immer noch die Meinung gilt, jeder solle mal seine Aggressionen ausspucken, dann wäre erst einmal das Potential abgebaut (s. Kap.11). Die Folge ist jedoch, daß ein solch unkontrolliertes Herausspucken der Aggressionen neue Verletzungen bewirkt und damit noch heftigere Aggressionen beim anderen hervorruft.

Durch den Umgang mit Konflikten bieten sich notwendig Entwicklungsperspektiven in der Leitung. Energien sind im Spiel und treiben vorwärts. Man wird mit den Engführungen des eigenen Charakters konfrontiert, verliert alte Sicherheiten und gewinnt neue. Die Entwicklung verläuft in Stufen und hat wie jede Entwicklung ihre Krisenpunkte. Diese akzentuieren sich unterschiedlich, je nachdem ob die Disposition eher extraveriert ist oder ob es eine Rückzugsdynamik gibt.

## 12.3 Stufen in dem Umgang mit Konflikten

**1. Orientierung an den Sachfragen**
Wer die Leitung eines Teams übernimmt oder beginnt Kurse zu halten, ist erst einmal mit den Sachproblemen bzw. Kursinhalten beschäftigt. Erst die Sicherheit in den inhaltlichen Fragen gibt den Blick frei für die Beziehungen im Team bzw. in der Kursgruppe.

**2. Wahrnehmung von Konflikten**
Wenn in der Sache kein Fortkommen ist, wenn Einsichten verweigert werden und Beschlüsse nicht zustandekommen, so wird das von der Leitung meist als "unsachlich" erlebt und spontan abgelehnt. Je nach der innerpsychischen Dynamik steigt Ärger, Zorn, Wut auf oder Ohnmachtsgefühle, Ängste sind die Reaktion. Durch diese Gefühle erkennt die Leitung, daß nicht inhaltliche Gründe die Ablehnung eines Vorschlages, das Hinauszögern einer Entscheidung verursachen, sondern daß es um Einfluß, die Ausübung von Macht geht. Der Unterschied von Inhalts- und Beziehungsebene konturiert sich, ohne daß die Gefühle, die ausgelöst werden, schon verstehbar wären.

**3. Erstes Eingehen auf die Beziehungsebene**
Ist die Thematik von Macht und Einflußnehmen erkannt und hat sie sich durch die eigenen Gefühle nachhaltig bemerkbar gemacht, erkennt die Leitung neue Handlungsmöglichkeiten. Die Persönlichkeitstypen, die in der Leitung eher mit Rückzug reagieren, werden versuchen, die Machtthematik herunterzuspielen. Sie werden Ent-

gegenkommen zeigen und Widerstände zu besänftigen versuchen. Andere ziehen sich auf ihre Leitungsposition zurück, fällen "einsame Beschlüsse" und lassen sich auf eine Diskussion ihrer Entscheidungen nicht mehr ein (s. Kap. 6.9). Die Persönlichkeitstypen, die mit einer extravertierten Energie ins Feld gehen, nehmen den Kampf auf und setzen sich mit den Widerständen und Verweigerungen aktiv auseinander. Sie werden vom Team bzw. der Kursgruppe aggressiv erlebt und können ohne Schwierigkeiten ihr Energiepotential aggressiv einsetzen. Die nicht mehr nur auf die Sache bezogene Aktivität der Leitung bewegt die Energien im Team bzw. in der Kursgruppe und führt zu Verwicklungen. Die Leitung, die sich so verhält, zieht die Konfliktenergien der einzelnen auf sich.

**4. Die Gefühls-Krise in der Leitung**
Das Eingehen auf Widerstände und Verweigerungen führen die Leitung notwendig in eine Krise. Es kommen widerstreitende Gefühle hoch, die die Orientierung in Bezug auf die Prozesse im Team bzw. in der Gruppe fast unmöglich machen. Die Persönlichkeitstypen, die durch Zugeständnisse und Besänftigung auf Widerstände reagieren, werden zunehmend in ihrer Leitung nicht mehr ernstgenommen. Auf ihre Initiativen erfahren sie immer weniger Reaktionen, Entscheidungen laufen an ihnen vorbei. Das verstärkt die Ohnmachtsgefühle. Der Persönlichkeitstyp, der mit Rückzug und einsamen Entscheidungen reagiert, wird sich selbst zunehmend isoliert und unverstanden fühlen. Um ihn wird es kühler. Er/sie entwickeln aggressive Gefühle gegenüber den KollegInnen bzw. KursteilnehmerInnen. Die extravertierten Typen geraten in immer heftigere Auseinandersetzungen. Sie bringen ihre Energien direkt in die Team- bzw. Gruppensituation ein und verspüren nachher Leere bzw. Schuldgefühle.
Die Krisenphase ist für die eigene Persönlichkeitsentwicklung entscheidend. Entweder verstärken sich die Ohnmachtsgefühle, die Isolierungstendenzen bzw. die aggressiven Reaktionsmuster mit den anschließenden Gefühlen des Ungenügens, oder die Situation wird als

Herausforderung erlebt, neue Verhaltensweisen zu entwickeln und jeweils andere Gefühlsbereiche der eigenen Person zu aktivieren.

## 5. Konflikte produktiv bearbeiten lernen

Nimmt die Leitung die Konflikte ernst, wird sie sie zu verstehen suchen. Sie wird den Erfahrungsaustausch mit anderen verstärken, um Lösungsstrategien zu finden. Zugleich geht es aber auch um die Bearbeitung der eigenen Emotionen. Diese können zu einem Teil durch den Einsatz produktiver Gesprächsstrategien aufgefangen werden. Damit diese Gesprächsstrategien jedoch von der Leitung umgesetzt werden können, bedarf es der Bearbeitung und Klärung der eigenen Gefühle, denn sonst brechen sich gerade in kritischen Momenten die Gefühle Bahn und verhindern die Beachtung der entscheidend notwendigen Gesprächsregeln. Die Bearbeitung der eigenen Gefühle, die in Konfliktsituationen virulent werden, muß entsprechend der Dynamik der Emotionen des jeweiligen Charaktertyps erfolgen bzw. gerade dieser Dynamik entgegensteuern. Entsprechend der in Kap. 2 beschriebenen Verschiedenheit der Persönlichkeitsstrukturen stellt sich jedem einzelnen Persönlichkeitstyp eine andere Aufgabe:

### Die Perfektionisten
Den eigenen Zorn nicht ausleben, sich auch nicht in die eigene Innenwelt zurückziehen, sondern die eigenen Fähigkeiten zur Lösung des Problems einsetzen.

### Die Helfer
Schaffen sich ein Umfeld, das ihre Unterstützung braucht. Sie bekommen Spannungen sehr früh mit. Sie müssen lernen, den anderen nicht die Konfliktarbeit abzunehmen, sondern ihnen die Verantwortung für den Konflikt zu lassen und den anderen keine Lösungen überzustülpen.

**Die Erfolgreichen**
Die eigene Person durch den Konflikt nicht infrage gestellt fühlen, nicht sich selbst in den Vordergrund spielen, um so die Konfliktpartner abzulenken, sondern sich auf die Konfliktpartner einlassen und den Konflikt sachgerecht moderieren.

**Die Sanften**
Sich nicht in die eigene Gefühlswelt, in die eigenen Niederlagen und Verletzungen zurückziehen, sondern sich auf die Situation außerhalb der eigenen Innenwelt einlassen, die Situation genau in Augenschein nehmen und handeln.

**Die Lehrenden**
Überwindung der Rückzugstendenzen, Wahrnehmen der Emotionen und der Anliegen derjenigen, die Widerstände anmelden.

**Die Vorsichtigen**
Die eigene Angst überwinden, sich nicht abhängig machen, sondern das Problem, die Sache in den Blick nehmen und mutig handeln.

**Die Unterhaltsamen**
Der Situation nicht ausweichen, sich nicht durch eine lustige Bemerkung aus der Affäre ziehen, sondern die Leitungsaufgabe ernst nehmen. Den Konflikt und die Motive der Konfliktpartner genau kennenlernen und nach Lösungen suchen.

**Die Einflußreichen**
Die eigenen aggressiven Impulse nicht ausleben, Verständnis für die eigenen Ängste und die der anderen entwickeln, Widerstände nicht frontal niederwalzen, sondern aufgreifen, verbalisieren und so die Spannung in der eigenen Person abbauen.

**Die Ausgleichenden**
Widerstände und Spannungen wahrnehmen, nicht herunterspielen, Zugang zu den eigenen Gefühlen suchen und zum Handeln kommen.

Die Auseinandersetzung mit den eigenen Emotionen wird durch die Konfliktsituationen in Gang gesetzt. Jeder Leitungstyp wird durch die Konflikte in seinen charakterlichen Engführungen herausgefordert. Damit bieten die als unangenehm empfundenen Konfliktsituationen besondere Entwicklungschancen. Das Energiepotential, das Konflikte freisetzt, ist hierfür eine positiv zu sehende Kraft, die immer geschmeidiger genutzt werden kann.

## 6. Die eigenen Energien mit denen der Teammitglieder in einen Austausch bringen

Wenn in der Auseinandersetzung mit den Engführungen des eigenen Charakters erste Schritte gegangen wurden, eröffnen sich auch Möglichkeiten der Interaktion. Die Erlebnisweise anderer Persönlichkeitstypen wird weniger bedrohlich bzw. herausfordernd erlebt. Man muß sich mit den Dynamiken der anderen Charakterstrukturen nicht mehr offensiv auseinandersetzen, sondern kann Impulse, auch Kritik und Widerstände, anders aufnehmen, so daß die Energien der anderen die eigenen Handlungsmöglichkeiten nicht mehr so häufig blockieren. Die Leitung entwickelt immer mehr das Gespür für die Energien anderer, kann dadurch mit weniger Energieaufwand leiten und verursacht dadurch weniger Blockaden.

## 7. Andere leiten lassen

Je weniger die Leitung auf die Leitungsaufgabe fixiert ist, je stärker sie die Impulse, die Gefühlsregungen und Energien wahrnimmt, desto weniger fühlt sie sich durch Reaktionen eines Teammitgliedes bzw. eines/einer KursteilnehmerIn infrage gestellt und kann daher, ohne die Leitung aufzugeben, Leitungsaufgaben abgeben, sogar die Konfliktmoderation, wenn sie, die Leitung, selbst in den Konflikt verwickelt ist.

Die Entwicklungsperspektive ist darin zu sehen, daß die Leitung weniger fixiert ist auf die Widerstände und die Personen, die widersprechen bzw. sich entziehen. Es gelingt ihr immer besser, den Prozeß im Blick zu haben, die Energien, die sich vor allem in der Machtkampfphase verkeilen und sich gegenseitig blockieren, wieder in Fluß zu bringen und in Fluß zu halten. Die Impulse, die Intentionen wie auch die Widerstände zu spüren, reicht zunehmend für die Konfliktbearbeitung aus. Je sensibler die Wahrnehmung wird und je früher die Leitung Widerstände, Sich-Entziehen, Unzufriedenheit anspricht, desto besser kann sich das Team, die Gruppe an der Leitung orientieren und desto besser können die einzelnen für sich selbst sorgen. Je mehr die einzelnen sich bei der Leitung in ihrem jeweiligen Empfinden, in ihren Intentionen, Blockaden und Ängsten aufgehoben fühlen, desto mehr sind sie in der Lage, mit ihren eigenen Persönlichkeitsanteilen im Team, in der Gruppe präsent zu sein. Das führt zu mehr Lebendigkeit, größerem Engagement und hoher Leistungsbereitschaft - dies sind vor allem Ergebnisse einer gewachsenen Wahrnehmungsfähigkeit der Leitung für den Energiefluß in der Gruppe und die Emotionalität der einzelnen Team- bzw. Gruppenmitglieder.

# 13.  Checkliste

## 13.1  Raster für die Reflexion von Konfliktmoderationen

1. **Beschreibung der äußeren Situation und kurze Angaben zu den am Konflikt beteiligten Personen - ohne Namen**

2. **Beschreibung des Konfliktes, was sollte geklärt werden? von wem?**

3. **Beschreibung des Gesprächsverlaufes nach den 6 Schritten**
   * Was war das Problem?
   * Wurde das Problem vom Gesprächspartner verstanden?
   * Was mußte nachgefragt werden, damit die Hintergrundbedürfnisse transparent wurden?
   * Erkannten die Konfliktpartner ihren Anteil am Konflikt?
   * Welche überprüfbaren Vereinbarung trafen die Konfliktpartner?
   * Wie ging es den Konfliktpartnern mit der Klärung?

**4. Kritische Eigenreflexion**
   - Ist es mir gelungen, das Problem herauszuarbeiten?
   - Konnte ich verstehen, was die Konfliktpartner klären wollten?
   - Konnte ich neutral bleiben?
   - War es mir möglich, die Gefühle der Gesprächspartner herauszuarbeiten, bin ich mit den Gesprächspartnern auf der Empfindungsebene geblieben?
   - Konnte ich die jeweiligen Anteile bei den Konfliktpartnern herausarbeiten?
   - Wie zufrieden bin ich mit meiner Moderation, wie ist mir das Verbalisieren und die offene Fragestellung gelungen? Wo habe ich bei mir Schwächen entdeckt?
   - Was würde ich anders machen? welche Fragen habe ich?
   - Was will ich in der Praxisreflexion noch einmal ausprobieren?

(Der letzte Punkt bedeutet, daß in den Reflexionstreffen der Konflikt oder Teile des Konfliktgespräches im Rollenspiel noch einmal durchgespielt und die Moderation überprüft werden kann.)

189

# Die TrainerInnen von „weiterbildung live"

**Eckhard Bieger, Dr. phil.**
Kommunikationswissenschaftler und Theologe, hat verschiedene Trainigsprogramme entwickelt und ist seit 1976 als Trainer tätig.
Schwerpunkte: Marketing für Bildungs- und Sozialeinrichtungen, Konflikttraining, Kursleiterausbildung.

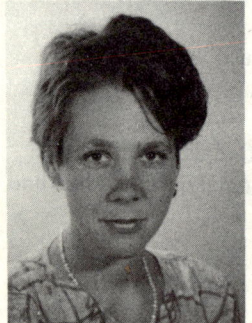

**Claudia Höller**
Dipl.-Heilpädagogin, Trainerin, arbeitet mit verhaltensauffälligen Kindern und Jugendlichen, Beratung und Begleitung von Teams und Familien.
Seit 1993 Trainerin bei weiterbildung live.

**Jutta Mügge**
Geschäftsführerin und Trainerin, von weiterbildung live, war mehr als 10 Jahre in der Leitung von Teams in sozialen Institutionen tätig, seit 1978 freiberufliche Trainerin mit den Schwerpunkten: Gesprächsleitung, Konfliktmoderation, Leitungsstrainings, Öffentlichkeitsarbeit, Teamentwicklung.

**Sabine Müller**
Dipl.-Heilpädagogin, Trainerin, Erfahrung in der praktischen Arbeit mit Kindern, Jugendlichen, Eltern und Teams,
arbeitet seit 1993 als Trainerin bei weiterbildung live.

**weiterbildung live - Energien strukturieren**

**live**
denn es geht um Ihre Erfahrungen und Ihre berufliche Praxis
**live**
weil Sie weiterkommen mit Ihren Aufgabenstellungen, Arbeitsprojekten und Konfliktsituationen
**live**
weil Sie Energien freisetzen, wenn Seminare Spaß machen

**weiterbildung live**
ist eine Trainingsfirma, die Leitungskompetenz vermittelt,
- für die Leitung von Teams und Gruppen,
- für die Moderation von Sitzungen und Gesprächsrunden,
- für die Bearbeitung von Konflikten,
- für Seminarplanung und -durchführung,
- für Marketing und Öffentlichkeitsarbeit von Sozial- und Bildungseinrichtungen.

**Die Seminarprogramme**
sind so angelegt, daß die Leitungskompetenz schrittweise aufgebaut wird und Perspektiven für die berufliche Weiterentwicklung entwickelt werden.

**Die Arbeitsweise**
Die Seminare sind mehrteilig angelegt, so daß das Gelernte in die Praxis umsetzbar ist und konkrete Probleme aus dem beruflichen Alltag im Rahmen der Seminareinheiten bearbeitet werden können.

**Die Methoden**
1. Trainiert werden bestimmte Methoden und Verfahren, die zur Erreichung von Kommunikationszielen notwendig sind.
   - Z.B. die Schritte für eine Entscheidungsfindung in einem Team,
   - Zusammenfassung von Gesprächsbeiträgen,

- Form und Schritte eines Konfliktgespräches,
- Einsatz von Übungen und Medien in Seminaren,
- Entwicklung und Durchführung eines Konzeptes für die Öffentlichkeitsarbeit aus dem eigenen Arbeitsfeld,
- Gestaltungskriterien für Präsentationen,
- Formulierung von Texten für Ausschreibungen und Presse,
- Entwicklung von Slogans.

2. Das Verhältnis der Leitung zu ihren Teams und Seminargruppen wird thematisiert, die Interaktion in den Teams und Gruppen wird beobachtet, Lernprozeß und Gruppenprozeß werden konkret erlebt und ausgewertet. Funktion und Aufgabe der Leitung werden abgeklärt. Die Entwicklung der Leiterrolle wird durch konkrete Trainigseinheiten unterstützt.

**Die Programme von weiterbildung live**

* **dynamisch, motivierend, sicher**
  Kompetenz für Kursleitung
* **Den Ton treffen**
  Kompetenz für Gesprächsleitung
* **Verhandlungstraining**
  Im Gespräch überzeugen
* **Hinter Konflikten stecken Energien**
  Kompetenz für Leitung und Konfliktbearbeitung
* **Zeit, Geld, Werte**
  Kompetenz für Marketing und Öffentlichkeitsarbeit für Bildung und Soziales
* **Live-Schaltung**
  Was Fernsehen mit Bewegung zu tun hat
* **Teamentwicklung / Teambegleitung**
  Energien freisetzen - Ziele erreichen

Wenn Sie sich über die Kursprogramme von **weiterbildung live** informieren wollen, schreiben Sie uns oder kopieren Sie diese Seite und schicken sie an folgende Adresse:

**weiterbildung live**
**Engelsberg 12**
**53819 Neunkirchen-Seelscheid**

-------------------------------------------------------------------------------

☐    **den Ton treffen** - Kompetenz für Gesprächsleitung

☐    **Verhandlungstraining** - Im Gespräch überzeugen

☐    **dynamisch, motivierend, sicher** - Kompetenz für Kursleitung

☐    **hinter Konflikten stecken Energien** - Kompetenz für Leitung und Konfliktmoderation

☐    **Zeit, Geld, Werte** - Marketing und Öffentlichkeitsarbeit für Bildung und Soziales

☐    **Live-Schaltung** - Was Fernsehen mit Bewegung zu tun hat

☐    **Teamentwicklung / Teambegleitung** - Energien freisetzen, Ziele erreichen

Das Informationsmaterial soll an folgende Adresse geschickt werden:

_____

_____

_____

weiterbildung live - Band 1
Eckhard Bieger, Jutta Mügge

## DEN TON TREFFEN
### Kompetenz für Gesprächsleitung

den Ton treffen:
Erfahrungen ansprechen, Probleme herausarbeiten, Entscheidungsprozesse strukturieren, Konflikte moderieren.
Fünfmal Methoden und Strategien für die Gesprächsleitung.

94 Seiten, DM 12,80

weiterbildung live - Band 2
Eckhard Bieger, Jutta Mügge

## DYNAMISCH, MOTIVIEREND, SICHER
### Kompetenz für Kursleitung

dynamisch, motivierend und sicher in der Kursleitung werden,
dazu braucht es Wissen um Phasenabläufe, den methodischen Einsatz
von Übungen und Medien, den gekonnten Umgang mit Motivationskrisen und Konflikten und die Arbeit an der eigenen Leitungskompetenz.
Ein Arbeitsbuch das an den Erfahrungen ansetzt und Kursplanung und
-durchführung systematisch entwickelt.

167 Seiten, DM 18,80

weiterbildung live - Band 3
Eckhard Bieger, Claudia Höller, Jutta Mügge, Sabine Müller

## ÜBUNGEN UND METHODEN FÜR DIE KURSLEITUNG

Übungen und Methoden,
als Anregungen und Ideen, um Ihre Kurse und Seminare lebendiger
und intensiver gestalten zu können.
Ein Arbeitsbuch, das effektive und geprüfte Übungen vorstellt und
den methodischen Einsatz beschreibt.

ca. 184 Seiten, DM 18,80

weiterbildung live - Band 4
Eckhard Bieger, Jutta Mügge

## HINTER KONFLIKTEN STECKEN ENERGIEN
**Kompetenz für Leitung und Konfliktbearbeitung**

Ungelöste Konflikte binden Energien und machen Teams und
Gruppen lustlos. Konflikte ansprechen und durch einfühlsame Moderation lösen, setzt Energien frei. An verschiedenen Beispielen werden
die Regeln für die Konfliktmoderation dargestellt, die Hilfestellungen
geben für die Leitung von Teams und Gruppen in der Konflikt- und
Machtkampfphase. Beschrieben sind auch die verschiedenen Lei-
tungstypen, ihre Stärken und Schwächen in Konfliktsituationen und
deren Entwicklungsperspektiven, sowie die Energieverteilung und
deren Ausgleich in Gruppen und Teams.